Bodo Hell, 1943 in Salzburg geboren, lebte in Wien und am steirischen Dachstein, wo er im August 2024 verschollen ist. Für sein Werk erhielt er u.a. den Rauriser Literaturpreis 1972, den Erich Fried Preis 1991, den Preis der Literaturhäuser 2003, den Telekom Austria Preis in Klagenfurt 2006, den Christine-Lavant-Preis und Heimrad-Bäcker-Preis (beide 2017).

Bei Droschl erschienen u.a.: *Larven Schemen Phantome* (mit Friederike Mayröcker, 1986); *666.* Erzählungen (1987); *die wirklichen Möglichkeiten* (mit Ernst Jandl, 1992); *mittendrin* (mit Bildern von Hil de Gard, 1994); *Tracht : Pflicht.* Lese- und Sprechtexte (2003); *Nothelfer* (2008); *Bodo Hell Omnibus* (2013); *Ritus und Rita* (2017); *Auffahrt* (2019).

Linda Wolfsguber, geboren 1961 in Bruneck (Südtirol), lebt in Wien. Nach der Kunstschule in St. Ulrich (Gröden, Italien) und einer Ausbildung zur Schriftsetzerin und Grafikerin in München und Bruneck absolvierte sie die »Scuola del Libro« in Urbino (Italien). Anschließend machte sie sich als Illustratorin und Malerin in Österreich und Südtirol selbstständig. Für ihre Werke erhielt sie bereits zahlreiche Auszeichnungen, zuletzt den Christine-Nöstlinger-Preis für Kinder- und Jugendliteratur (2022).

5. Auflage 2025

Gefördert von der Kulturabteilung der Stadt Wien, Literatur

Umschlag: & Co www.und-co.at
Satz: AD
Druck: Florjančič

ISBN 978-3-99059-130-7

Literaturverlag Droschl Stenggstraße 33 A-8043 Graz
office@droschl.com www.droschl.com

Bodo Hell

Begabte Bäume

Mit Zeichnungen von Linda Wolfsgruber

Literaturverlag Droschl

Ahorn Ahornkar (Bergsagen und Itinerar)

vornehmlich 3 Arten sind zu unterscheiden: der gemeine, der Spitz- und der Bergahorn (weiters auch Feld-, Vogelaugen- und roter Ahorn), die weißgraue Rinde des stattlichen *pseudoplatanos* (Bergahorns) blättert hin und wieder ab, die traubenförmigen Blüten brechen vor dem oder zugleich mit dem Laub aus, die Weibchen hinterlassen mehrere geflügelte Samen: deren zwei und zwei sitzen immer beisammen (halbiert als Nasenzwicker für die Kinder), bejahrte Bergahorn-Persönlichkeiten sind als Charakterbäume im Wiesenplateau der steirischen Ramsau anzutreffen (waren auch Schneitelbäume wie die Eschen), allerdings muß man im nach ihnen benannten Ahornkar (über Weißenbach bei Haus) heute die namensgebenden Ahörner regelrecht suchen (der Baum steigt bislang nicht so hoch hinauf), Bergahornholz ist gut für weiß zu schrubbende feste Tischplatten, die biegsamen Äste am Baum können auch dem Schneedruck (etwa bei nassem Sommerschnee) gut standhalten, Feldahörner dagegen (mit ihrem schön gemaserten Schnitzholz) erreichen oft nur Buschhöhe, kanadischer Sirup aus einer speziellen Ahornart ist beliebt als Süßung im Müesli, aber auch heimischer Ahornsaft wurde zu Zeiten eingedampft (als ZuckerErsatz zur Zeit der Kontinentalsperre in den napoleonischen Kriegen), die Rinden der verwandten Platane (im mediterranen Wildwuchs entlang von Gräben als Feuchtigkeitsanzeiger) blättern noch stärker ab, auch die gestielten Bommeln der Stadtplatanen sind länger oben hängend zu sehen, junge japanische Frauen (mit strahlendweißen Zahnreihen) fotografieren sich lachend vor der herbstlichen Farbpalette (von Gelb über Orange zu Rot), ausgelöst durch die Verfärbung spezieller Ahornarten in den säuberlich gepflegten Tempelgärten (*momiji*, 400 bis 500 Sorten sind erwähnt), Furniere aus heimischem Vogelaugenahorn könnten bei Betrachterinnen und Benützern künstlerischen Sinn und wohl auch Intarsienwünsche wecken

an der *roten Tonhöhle* in halber Höhe des sogenannten Ahornkars gehen wir mirnichtsdirnichts vorbei, ohne etwas Besonderes zu vermissen, da wir angesichts der noch bevorstehenden Aufstiegsstrecke ins Plateau AM STEIN (knapp zwei Stunden) auf eine Abzweigung dorthin (zur roten Tonhöhle) gern verzichten, ja wir wüßten gar nicht mehr zu sagen, wie weit der HöhlenEingang und ob er überhaupt ins BergInnere führe, genauso wie wir die *Senninmeß* (einen Felsenschluf weiter unten, durch den die Sennerinnen auf dem Rückweg nach der Almzeit, da wohlgenährt, nicht mehr hätten durchkommen sollen) übersehen haben, das lassen wir vorläufig beides auf sich beruhen, bis uns dann ein neuer Hinweis zur ultimativen Erkundung und zu weiteren Erkundigungen drängt

an der ebenso abseitigen Passage des im steilen alten Hochwald deutlich erkennbaren *Teufelssprungs* (vorausgesetzt man kennt die Abzweigung) respektive an den Fußabdrücken des Gottseibeiuns und des vulgo Sagbauern (also 4 schuhförmigen Felsvertiefungen in der waagrechten Platte, die menschlichen etwas kleiner als die diabolischen, wenn auch trickreich früher hingesetzt unter dem Absprungfelsen, und beide oder alle vier Ausnehmungen quellwasserbestanden), an all dem sind wir detto, jeden zeitraubenden Abstecher vermeidend, vorbeigestiegen (noch einmal zurück: diese mündliche Abmachung vorm Sprung mußte also selbst der Teufel hinterher einhalten, und so hat er dem schlauen Sagbauern, der, weil früher weggesprungen, zuerst gelandet ist, sage und schreibe eines Morgens einen Sack voll Goldes unten vor die Tür geknallt, wie es die heimische Gewährsperson einem musealen Sagensammler namens Paganini *alias* Haiding einstens mitgeteilt und also dieser selbst in der Folge behauptet hat, während die Leute auf dem Hof doch allem Anschein nach bescheiden geblieben sind, denn ob und worin der Sagbauer den Schatz investiert hat, davon spricht die Sage nicht und auch die heutigen bunten Gebäude des *vulgo* Sagbauern machen nicht extra etwas her)

und vor dem *Gamsofen* sowie unter der großgesichtigen jähen *Kreuzleitwand* (den weinenden Tintenstrichen eines ehrfurchtgebietenden Riesenantlitzes) machen wir schon gar nicht halt, da soll nämlich der Jäger (Name verschwiegen) den Wilderer (Identität unbekannt) oben einmal so sehr an die Wald- und FelsenKante gedrängt haben, daß dieser (der Wilderer) lieber abgesprungen ist als sich fangen zu lassen, also heruntergefallen sei und das Zeitliche gesegnet habe, während jener forsche Jäger (als bestallte Revieraufsichtsperson) diese wohl damals schon fesche XY, also die dann allseits beliebte Jägersgattin (bei der man gern eingekehrt ist) geheiratet und sein relativ beschauliches Leben guten Gewissens weitergeführt hat, also schnell vorbei an den hier ausnehmend zarten Exemplaren auch des gelben Akonits (sehr wohl vergiftungsfähig ist auch diese Variante des bekannteren blauen Eisen- oder Sturmhuts), oben wüßte man vielleicht ausgesetzt den *Rengtal*steig vorbeiführen, mit einer riesigen murmeltierähnlichen versteckten Felsskulptur und gewagten Tiefblicken, wie er kaum begangen in weitem Bogen sich im hohen Gras verlierend steil zwischen Lärchenstämmen hinauf zu *Roßfeld* und Stoderstraße führt, tatsächlich haben die Altvorderen da einmal einen unmöglich zu schulternden WasserSack voller Einsetzfische hereingetragen, die dann im Ahornsee gar nicht so richtig gewachsen sein sollen (nie mehr gehen wir da hinein mit solch schwappelnder Last auf unseren hülzernen Rückenkraxen!)

unten würde der *Gradenbach* im *Hiefler Graben* tosen (hätte man jetzt ein Ohr dafür), und da seien die Lärchenblochs für die Eisenbahnschwellen der Ennstalbahn wasserrutschend hinunterbefördert worden (hoffen wir nur, daß sie den finalen GradenbachfallAbsturz auch halbwegs unzersplittert überstanden haben), und da, wo der Steig jetzt eben ins Tal hineinführt, wäre der Platz und die Besinnungspause für eine philosophische Tafel respektive für einen zu memorierenden theoretisch-analytischen Ansatz/Langsatz, der da lauten könnte:

unter einer Sage versteht man eine Art feststehendes Gerücht, das vielen Leuten bekannt ist und von Wissenden in der Regel ironisch-polemisch beurteilt wird, da die Anwohner so etwas ja nicht bloß liebendgern weitererzählen, sondern sogar selbst bisweilen für glaubhaft halten

dann ginge man die ziemlich horizontale Transversale, also eine waagrechte Wegstufe im Steilhang weiter (sogar Drahtsicherungen von den lange zurückliegenden Viehauftrieben würden in dieser Querung sichtbar) und käme zu einem schuhbreiten Loch mitten am Weg (an dessen Rand man im Feuchten nicht ausrutschen sollte) und bis zu jener Stelle, wo 1980 oder 81 der glimpflich verlaufende Absturz einer grauen *Knerzl*kalbin erfolgt ist (das waren damals die ersten und einzigen enthornten Rinder des Dorfs und man hätte sie also an den Hörnern nicht festbinden und heraufziehen können), bis zu einem Baum im Steilgelände (es wird einem heute noch angst und bang, wenn man zu dieser Fichte ohne Liegeplattform darüber hinunterschaut), dort wurde ihr Rutschen gestoppt und irgendwie haben wir das Tier dann wieder auf den Weg (mit dessen Mithilfe versteht sich) heraufgebracht, leicht verletzt war es schon, ist aber mit den anderen Stall- und Weidegenossinnen weitergehumpelt und war dann den gesamten Almsommer zwar leicht gehbehindert, aber munter und freßfreudig

aufatmend ginge es über ein sanfteres altes Schotterfeld (wie gleichgroß gekörnter BergwerksAbraum oder grobkörniger Bahnschotter) weiter und anschließend sogar etwas bergab zwischen moosüberwachsenen GroßBlöcken durch eine veritable Zwergenlandschaft zum Gradenbach hinunter, nein, der einzelne Frauenschuh, der dort knapp vorm Bachübertritt allsommerlich gestanden war, ist nicht mehr zu sehen (vielleicht hat ihn jemand fürs eigene Alpinum unten ausgegraben, auf jeden Fall war er schon beim allernächsten Vorbeikommen verschwunden, verraten sollte man Standorte ja sowieso nicht)

die oben zurücktretenden Felswände der östlichen (also westexponierten) Talseite hat man jetzt ganz (infolge einer leichten Körperdrehung und gesteigerten WegAufmerksamkeit) aus den Augen verloren (mit ihren möglichen geheimen Durchstiegen durch die WandRunsen und HalbHöhlen als Wilderer-Verstecken), denn das Hindenken gilt jetzt schon dem Riesenfelsblock mit Markierungszeichen im Wald (von dem es heißt, er rühre sich jedesmal, wenn der Hahn unten krähe, worauf dem verdutzt und ungläubig Schauenden lachend erklärt würde: selbstverständlich rühre er sich, nämlich der Hahn beim Krähen, der Felsblock selbst natürlich nicht, oder vielleicht nur manchmal mit dem Hahn gemeinsam), in etwa wäre der Felsblock als sicheres Fundament geeignet **für aufgehendes Mauerwerk, also den oberirdisch sichtbaren Teil eines Bauwerks**, die andere westseitige (also ostexponierte) bewaldete Talseite ist zwischen den Stämmen nur zu erahnen, aber man hat erzählen gehört, daß da von den ehemaligen Holzknechthütten aus eine Route durch den sogenannten *Fuchs-*

schlag (der jetzt längst verwachsen sei) zum *Hirnberg* und also aufs *Emach* hinauf gangbar war (würde man heute auf dieser Bergflankenseite hinaufsteigen wollen, hätte man schon weiter unten, nämlich vorm Palfen des *Tropfkogels* und detto weit vor der *Senninmeß*, also schon unten hätte man den Bach an einer gangbaren Klammstelle (Furt) überschreiten müssen und dann einen Aufstiegspfad, der sich bald in der WaldfelsenSteilheit verlöre/verloren hätte, selbst hinaufsuchen müssen (von einer abendlichen Aufstiegstour dort mit einem StrohBienenstock am Rücken und der zwischendurch einmal verlorenen Beinhaube, damit man dann weit oben an der Latschenkante bei Einbruch der Nacht den Altschwarm, also die graue unbewegliche Traube eines Bienenvolks einfangen konnte, und von den Folgen solcher Unternehmung angesichts eines späteren SchneeEinbruchs auf die blühenden Almrauschbüsche und also Trachtverlust sei ein andermal genauer berichtet), die Schottermassen eines breiten bisweilen versiegenden oder unterirdisch weiterrauschenden Bachbetts (die aus einem der vergangenen Überschwemmungssommer herrührten, alles tonnenschweres Material von der Westseite aus den Steilrinnen heruntergerutscht) hat man jetzt tänzelnd überquert, aha: da sind einige wenige Exemplare dieses Bergahorns zu sehen, welche diesem Tal (*Ahornkar*) und dem See weiter oben (*Ahornsee*) wohl ihre Namen gegeben haben, wo man allerdings solche lichten Laubbäume, die man als große Baumindividuen und Charakterbäume aus der WiesenStufe unten kennt, nicht mehr vorfinden wird, man möchte es nicht glauben, aber bis hierhier hat sogar Jungvieh, das nicht diesen Weg heraufgetrieben wurde, sondern von oben forttapsend heruntergekommen ist, auf seiner neugierigen Futtersuche, zu den feuchten Flanken mit ihrem Fledergras gefunden (von dem Nachbarin Sigrid behauptet, daß solches den Kalbinnen besonders schmeckt), das mußt du erst einmal realisieren, wie weit die im Herbst ausbüchsen und sich gar noch seitlich in den Waldkuhlen und Quellfluren versteckt fortbewegen können, auf das Signal des Glockenklangs kannst dich dort auch nicht verlassen, denn das verschlägt sich gleich oder wird vom Bachrauschen übertönt, ach ja: heute würde man das schwere Hochleistungsvieh über diese glatte Felsabbruchstelle, wo man schon als beschuhter Zweibeiner zu tun hat, um hinaufzukraxeln, wohl nimmer hinaufbringen und es müßte vorab eine weitläufige Umgehung im schottrigen Bachbett ausgekundschaftet werden, bevor man die Gruppe in die weglose Wildnis hinein treibt und dann gemeinsam mit den Kalbinnen ansteht

schön ausgetretene WiesenWeglein führten jetzt auf die Hangstufe rechts hinauf, und man könnte die Gelegenheit nützen, sich im Umkreis der verrosteten TonnenReste und ManometerRohre, die da halbeingewachsen herumliegen und ans einstige *Latschenbrennhüttl* und seinen Betrieb erinnern, wo man die Zweige des Krummholzes der Umgebung vorsichtig erhitzt und ausdestilliert und somit das hilfreiche Latschenkieferöl für Inhalationen, aber auch für duftende HeißBäder gewonnen hat, jaja: laßt uns hier im Sinnieren über die vormaligen heilsamen Tätigkeiten im Abseits Halt machen und Rast halten

unter den beidseitig emporstrebenden gefältelten Felstürmen und -flanken, die uns jeweils neu gegliedert im wechselnden Licht über den Tag hinweg als von ferne inschriftenlose GedenkMonumente erscheinen könnten, zumal auch hier eine geeignete Stelle für die nächste bergphilosophische Sentenz gegeben wäre, die da (in die rostigen Eisentonnen von Richard-Serra-Dimensionen geritzt) lauten könnte:

Berge sind nicht bloß Gräber, sondern Grab<u>mäler</u>: vertikalisierte, sichtbare, steinern gehärtete Totenmonumente: natürliche

Architektur, die auf der Erde Markierungen vornimmt, sichtbare Zeichen setzt, die Massen von Unsichtbarem bergen, Berge sind Riesenzeichen, Megagramme, die ganz direkt epigraphisch »Geographie« machen – und zwar halb anadeïktisch, d. h. aufzeigend, halb kryptographisch, d. h. geheimhaltend

*hirn*seitig sind also keine Halbhöhlen mehr sichtbar, doch *haxberg*seitig ist sehr wohl die eine oder andere horstgeeignete Wandvertiefung auszunehmen, im wahrsten Sinne dieses übertragen gebrauchten Wortes ›ausnehmen‹ haben die Altvorderen, das heißt die mutigsten unter ihnen, die Adlerjungen oder ein Adlerjunges (vielleicht sogar bevor es vom zweiten im Verlauf des heute Kainismus genannten Hinausschmisses des Schwächeren in den Sturztod befördert wurde) aus dem ÄsteNest herausgenommen und an die Tierschauen, Zoos oder im letalen Fall an Präparatoren verkauft

hinter den jetzt folgenden mehrfachen Quellaustritten unterm *Palfen* (Vorsicht: die glatten überronnenen Platten sind rutschig) und auf den grießligen KleinHohlwegen davor und dahinter, in denen man oft mehr zurückrutscht denn vorwärtskommt (von der Abzweigung hinauf zur wasserversorgten *Josefshütte* und den Zauberwäldern dahinter sprechen wir gar nicht), ist man sosehr mit dem Wassergeräusch und den wackelnden Trittsteinen uferentlang sowie trockenen Übertrittsmöglichkeiten beschäftigt, daß man die Richtungsänderung des GesamtTals (nämlich sich leicht nach Westen biegend) kaum realisiert hat, feuchtgrasbestandene Naßstellen, Abzweigungen und Kleinvarianten der Route (Nr. 668) halten einen auf Trab, im auffälligen *Bauchwehgassl* mit austretendem Rinnsal sollte man (heißt es) keineswegs stehenbleiben, sonst käme es zu der namengebenden abdominalen Erscheinung samt Diarrhoe (Durchfall), also schnell durch und hinauf auf die magische Kurzrasenfläche des *Aicher Hütt-*

felds, dieses eingerahmt von Latschenhäuten und düsteren baumbestandenen Blockheiden mit feuchtelndem Riesenplotschen Bewuchs, doch die charakteristische quasi aus einem Steinblock emporwachsende mittelgroße Lärche in diesem natürlichen Rasenpark weiß den desparaten Wanderer heiter zu stimmen, zumal hier auch ein möglicher Rehwild- oder RotwildAufstieg in die orographisch rechte (zum Haupttal parallele) Grubenreihe des versteckten *Gruabachs* führt, von wo aus man auf Gemsenrouten durch SchotterRinnen und AlmrauschFlanken schließlich auf den sogenannten *Giacometti-Steig* mit seinen hochgezogenen Kalknadeln und Gratvorsprüngen hinaufgelangen könnte (nur bei trockenem Untergrund und trittsicheren Beinen nach gut durchschlafenen Nächten unangefochten zu schaffen), das bleibt heute alles außen vor, wir würden die schrofige Steilstelle über dem *Zellerl* (einem binsenbestandenen Flachsee mit ungewissem Ufer und wechselndem Wasserstand) erklimmen, ein Felsblock im Graben markiere (wie einem gesagt wurde, Grenzmarch ist keines sichtbar) die Grenze zwischen Waldgenossenschaft Weißenbach und Jagdrevier Ahornkar, welches, zumal was die WeideRechte betrifft, jetzt auch offiziell zur höhergelegenen GrafenbergAlpe zugepachtet wurde, damit die möglichen Vorweiden und also auch tiefergelegenen Schneefluchten gesichert sind und kein Streit wegen Weideübergriffen entsteht, im ZirbenFichtenHochwald rechts könnte man hinter den Großblöcken hervorlugende Gnomenwesen vermuten, wäre nicht der Blick mit einemmal ausschließlich nach vorne auf die Seefläche des Ahornsees samt dem leicht abseits stehenden *Hartweger*-HolzHüttl gerichtet, wo der Musiker Fritz Mosshammer (selig) den Schalltrichter seines teleskopartigen Carbon-Alphorns auf die Wasseroberfläche gelegt und die Zuhörenden mit seinen atemgestützten Tönen in minutenlangen bewegungslosen Hörzauber versetzt hat, ein Polyesterboot ist an einem Baum hochgezogen oder liegt bäuchlings halb aufs Ufer herausgezogen, wobei sich darüber ein mächtiges nach hinten offenes Felsenrund auftut, dessen Durchstiege unter der *Bangoschtwand* (meint: Beingarten-Wand, da so viele Knochen heruntergefallen sind) mehr zu erahnen denn auszumachen sind, aber da sieht man auch schon zwei Frauen im reiferen Alter am Ufer sitzen, eine Bäuerin und Kräuterkundige sowie eine Arztenswitwe und Immobilienmaklerin (wie sich später gesprächsweise herausstellt: vereint im Gedanken an diesen Verstorbenen, der den Platz hier sosehr geliebt habe, daß man jetzt drauf und dran sei, seinen Jägerhut samt Hirschbart dem Ort aufzuopfern), und angesichts solch real stattfindender Ritualisierung bleibt gar keine Gelegenheit, sich an der Wand der Fischerhütte der unzähligen LiebesEinritzungen und AnwesenheitsAufschriften zu vergewissern, samt Hinweisen auf eine ›christlich zentrierte Erlebnispädagogik‹ (religiöse Erfahrungen in der Natur sind unumstritten) oder auf Figuren aus dem Herrn der Ringe (ARAGORNS JÜNGER 93), auch wäre hier im überfrachteten Gedächtnisort kaum der geeignete Platz für weiters angebrachte erkenntnistheoretische Auslassung in Sachen Bergwelt, und so wollen wir unseren Spickzettel herausziehen und laut in das Felsenrund und über die sich kräuselnde und sonnenlichtgepeitschte Wasseroberfläche hinweg vorlesen, was da steht, etwa diese medientheoretische und medienpraktische Überlegung:

unser Wort »Sage« erweist sich bereits als eine späte Verharmlosung und Homogenisierung der speziellen Berg-»Sagen«, innerhalb derer recht unterschiedliche, auch sehr pointierte »Sprechweisen« auftreten, und was in bestimmten Überlieferungen dominiert, ist die aktuelle Erscheinung von »Abgeschiedenen«, also Menschen, die längst tot sind, namentlich bekannte sowie andere, sie werden von gerade lebenden Menschen am und im Berg gesehen, oder sie kommen aus dem Berg heraus

und nehmen mit aktuell Lebenden Kontakt auf, es handelt sich um »Visionen« im alten Sinn des Wortes: wahrnehmungsartige (folglich unfreiwillige) Erlebnisse, in denen etwas Unmögliches, Unwirkliches, äußerst Unwahrscheinliches wahrgenommen wird

und da steigt auch schon leichter Rauch zwischen den weit unten am KlaubholzFeuer hantierenden beiden Frauen auf und das flüchtige Luftgebilde einer Rauchsäule steht als kurze Erscheinung mitten im Felsenkessel, reicht aber nicht (auch nicht olfaktorisch) bis zu uns her, denn wir haben uns unterdessen vorsichtshalber auf dem nächstmöglichen kräfteraubenden Gämsenpfad in solch gekrümmter Schlucht zwischen gewachsenen Felsen stetig emporgeschraubt (wann wenn nicht jetzt muß dieser Fluchtweg nach oben einmal begangen werden) und wir sind bereits dem überhängenden Felsen sowie diesem unsicheren Ausstieg zur oben verlaufenden 618er-Route nahegekommen, von wo die Stimmen der RundkursGeher und der ob des Tiefblicks auf das grüne Seeauge, 1504 m hoch (oder tief) gelegen, mit seinen FelsenInslein und auf die schwimmende Fischfütterungsanlage voll verfaulenden Fleischs und herabfallender Fliegenmaden entzückten Wanderer eine Zeitlang hörbar und entweder als einheimisch oder als fremddialektal zu identifizieren sind

zuguterletzt: ein (wie er sich selbst wohl verstanden hat und weiter versteht) ›Spaßvogel‹ hat dort oben eines Tages an der AbgrundZirbe ein Schild mit der Aufschrift *Schwiegermuttersprung* angebracht und es, falls abgekommen oder von PassantInnen heruntergerissen, stets wieder erneuert, ja selbst der Windbruch des vergangenen Winters, der dieses Wegstück für kurze Zeit unpassierbar hat werden lassen, scheint es nicht vermocht haben, ihn von einem solchen Akt erneuter Beschilderungslust abzubringen

Baum der Erkenntnis (Weinstock/Kreuzesholz)

nach jüdischer Vorstellung war der **Baum der Erkenntnis** kein Apfelbaum, sondern ein Weinstock: es wird erzählt, die Sintflut sei zerstörerisch sogar in den Garten Eden eingedrungen und habe dort auch den Baum der Erkenntnis zuerst unterspült und dann mit ihren Wassermassen hinweggeschwemmt, Noah, dessen Name ›Trost‹ bedeutet und der den Weinstock nach der Flut auffindet, pflanzt ihn wieder ein, erntet die Trauben, keltert und vinifiziert, trinkt kräftig, weiß aber die Wirkung des Weins nicht richtig einzuschätzen und fällt in Tiefschlaf, während sich seine Leibesmitte unordentlich entblößt (er wird also vor seinen drei Söhnen, von denen das ganze weitere Menschengeschlecht abstammt, *zu Schanden*, wie es heißt, Noah gibt sich also im wahrsten Sinne des Wortes eine Blöße, diese *Schande Noahs* geht in die Erzähltradition ein), wobei sein jüngster Sohn Ham sich wohl hämisch über ihn geäußert haben dürfte (und zur Strafe den beiden anderen, weil verflucht, als Knecht dienen mußte), während Sem und Japhet (das Gesicht abgewandt) des Vaters Blöße fürsorglich bedeckt haben sollen

wie also das erste MenschenPaar (nämlich Adam und Eva) in Schande gefallen war, da es von einer verbotenen Baumfrucht gegessen und dann erst seine Blöße bemerkt und schnellstmöglich bedeckt hatte, so hat auch das zweite (neue) Menschengeschlecht nach der Sintflut schändlich gehandelt, d. h. seine Laufbahn mit Schande begonnen, auch hier wieder als Folge eines besonderen Fruchtgenusses, richtiger: **Fruchtproduktgenuss**es

Frage: wo hat Noah vorher diesen speziellen Baum (den Weinstock der Erkenntnis) denn eingepflanzt gehabt: nicht irgendwo, sondern nach einer apokryphen Legende just an jenem Punkt der Erde, wo die **Mitte des verlorenen Paradieses** gelegen war, und zugleich an diesem mystischen Ort, wo Gott Adam aus Erde geformt hatte, auch dort, wo Adam dann mit Eva die Ursünde beging (*durch Adams Fall ist ganz verderbt / menschlich Natur und Wesen / dasselb Gift ist auf uns geerbt / dass wir nicht konnten gnesen / ohn Gottes Trost, der uns erlöst / hat von dem großen Schaden / darein die Schlang Evan bezwang / Gotts Zorn auf sich zu laden*, wie der altprotestantische Choral den Gedanken an die Erbsünde umspielt und umsingt, in seiner ersten Strophe, mittlerweile aus dem evangelischen Gesangsbuch entfernt, siehe auch die Bachsche Choralbearbeitung im sogen. Orgelbüchlein mit ihren Septimenabwärtssprüngen im Pedal: **Adams Fall**), schließlich ist diese paradiesische Erkenntnisstelle auch noch der gleiche Ort, an dem Adam begraben liegt, hier hatte ein Engel dem toten Urvater dann einen Kern von der Frucht des ehedem verbotenen Baumes in den Mund gelegt (also wohl einen Traubenkern), und bekanntlich wurde über der Höhle, die Adams Schädel barg, 33 Jahre nach Beginn unserer Zeitrechnung dann Christi Kreuz errichtet, nämlich auf der Schädelstätte Golgatha (man sieht so einen, nämlich Adams Schädel ja auf vielen Kreuzigungsdarstellungen am Fuß des Kreuzes hervorschauen), das Kreuz kann also nach diesem Vorgang als neues Weinstockholz an der Stelle des alten paradiesischen und zwischenzeitlich postsintflutlichen aufgefaßt werden

und schon manchmal sind wir selbst wie aus einer paradiesischen Landschaft verstoßen worden, wie hinausgedrängt aus einem Bild, einem Bildrahmen, wie etwa auf dieser **armenischen Miniatur** des 13. Jhds. dargestellt, auf der Adam einerseits noch mitten im Garten sitzt und so wie Eva/Heua/Chawwa (am rechten Bildrand stehend) ängstlich in Richtung verknoteter Schlange blickt, wobei sich diese Versucherin selbst gar nicht im Paradies aufhält (oder aufhalten darf), sondern außen am Bildrahmen klebt und die beiden Figuren, Urvater und Urmutter (ihrerseits noch wie Heilige gekleidet), aus dem eng umrahmten Garten (*hortus conclusus*) herauszulocken versucht, ganz unteuflisch, wie es scheint, Apfel oder Apfelbaum der Erkenntnis ist drinnen keiner zu sehen, nur weißrote Blüten und grüne Sichelblätter im zarten Pflanzenbewuchs, gleichzeitig aber kleben Adam und Eva/Heua/Chawwa (drinnen wie draußen als solche alt-armenisch handschriftlich bezeichnet) bereits am unteren Bildrahmen fest, an welchen sie sich hängend klammern, wie Kletterer unterm Überhang, als braunnackte unschöne Figurenknollen, ihrer Reputierlichkeit entkleidet, eher ein Beispiel für frühe Gnomenwesen denn für das erste Menschenpaar nach der Erkenntnis von gut und böse, dort gehören wir jetzt nicht mehr hin, in dieses Geviert, das sich in Quadratmetern oder in Hektaren messen ließe, das von einem erhöhten Aussichtspunkt aus eine geschlossene Fläche darstellen könnte, ein locker umgrenztes Gebiet, in dem wir uns für eine bestimmte Zeit aufhalten durften, wie Halbnomaden mit unseren Herden, in paradiesischer Gebirgsflur, der Garten Eden/Üppigland selbst, oder eine heutige Naturlandschaft als ParadiesesErsatz, und zwar ganz ohne Züchtigungsengel, wie er auf dem Wiener **Weltgerichtstriptychon** mit erhobenem Schwert auf das sich im Wald versteckende erste Menschenpaar losstürmt, vom Maler (Hieronymus Bosch) samt Erschaffung Evas/Heuas/Chawwas aus Adam und Engelssturz in einem Simultanbild auf dessen linken Flügel gebannt als ein weiteres Bild der biblischen Weinmetaphorik sehen wir diese von 2 Männern auf einer Stange hereingetragene **Riesenweintraube**: es sind 2 der von Moses ins verheißene Land Kanaan ausgesandten Kundschafter, die mit der kaum zu transportierenden Großtraube vom Ort Eschkol zurückkommen (im Poussinschen Herbstbild können sich diese zwei während des Tragens allerdings ganz unangestrengt unterhalten), allerdings kann deren Anblick die Israeliten nicht wirklich beruhigen, denn die Auswanderer sehnen sich mehr nach Ägypten und den dortigen Fleischtöpfen zurück denn ins fruchtbare Weinland voraus, ja sie werfen sogar Steine nach den ungeliebten Boten unter der Stange, in den späteren Interpretationen wird die Riesentraube am Tragestab dann als Vorverweis auf den am Kreuz hängenden Christus gedeutet

in den illuminierten Codices, aber auch in volksfrommen Darstellungen taucht das Bild der **mystische**n **Kelter** auf: da preßt der kreuztragende Christus selbst den Wein (die Trauben werden von Klerikern und Laien herbeigeschafft) und läßt gleichzeitig sein Blut aus der Seitenwunde in weitem Strahl zielgenau in einen Kelch (des Heils) hinein schießen, der vom Zelebranten hingehalten wird, ein beliebtes Motiv etwa im Weinland Südtirol, in dem auch die Sorte Kerner wächst, ein Weißer aus Rheinland-Pfalz (benannt nach dem Dichter und Arzt Justinus Kerner, siehe Hölderlin), eine Rebsorte übrigens, die in Österreich offiziell nicht existiert

apropos **Kelch**: es überrascht schon, wenn etwa im Prager Stadtteil Vinohrady (das bedeutet Weinberg) plötzlich auf einer Kirche kein Kreuz, sondern ein Kelch zu sehen ist, oder im dortigen Marold-Schlachten-Panorama als Feldzeichen der Utraquisten eben so ein Kelch anstatt eines Kreuzes vorangetragen wird, Einzelkelch oder Gemeinschaftskelch, das ist nicht die Frage: beides findet man in den Ankündigungen für die evangelische *Abendmahlfeier* angegeben, mit Fruchtsaft für Kinder, *Messe* ist ja bekanntlich ein katholischer Begriff, siehe auch Candidusmesse oder eben Gregorsmesse, bei der (in einer päpstlichen Vision) das Blut aus dem Kruzifixus des Altars sichtbar in einem Strahl zum Kelch herunterspritzt und dort aufgefangen wird, in einem Gral der besonderen Art, bemerkenswert auch: wie der Herr Pfarrer das ausgießende Wasserkrüglein des Ministranten bei der vorgeschriebenen Vermischung rasch wieder hinaufstößt, damit der Wein nicht gar zu verwässert wird, im Fall der Vermischung des Weins mit den Hostienpartikeln vor der Kommunionausteilung symbolisiert dieser Usus ab dem 9. Jhd. die Vereinigung des am Kreuz vergossenen Blutes mit dem Herrenleib und somit dessen Auferstehung, wie uns Pater (Martin) Gregor (Lechner) selig aus Stift Göttweig lehrt

Jesus spricht in der Nacht vor seinem Tod zu seinen Jüngern (Joh. 15/1–7, Einheitsübersetzung*): Ich bin der wahre Weinstock, und mein Vater ist der Winzer. Jede Rebe an mir, die keine Frucht bringt, schneidet er ab und jede Rebe, die Frucht bringt, reinigt er, damit sie mehr Frucht bringt. Ihr seid schon rein kraft des Wortes, das ich zu euch gesagt habe. Bleibt in mir und ich bleibe in euch! Wie die Rebe aus sich keine Frucht bringen kann, sondern nur, wenn sie am Weinstock bleibt, so auch ihr, wenn ihr nicht in mir bleibt.* ***Ich bin der Weinstock, ihr seid die Reben****. Wer in mir bleibt und in wem ich bleibe, der bringt reiche Frucht; denn getrennt von mir könnt ihr nichts vollbringen. Wer nicht in mir bleibt, wird wie die Rebe weggeworfen und er verdorrt. Man sammelt die Reben, wirft sie ins Feuer und sie verbrennen. Wenn ihr in mir bleibt und meine Worte in euch bleiben, dann bittet um alles, was ihr wollt: Ihr werdet es erhalten. Mein Vater wird dadurch verherrlicht, dass ihr reiche Frucht bringt und meine Jünger werdet.*

die Mystikerin **Mechthild von Magdeburg** spricht vom Eintreten in die Weinzelle, das meint: die Braut wird trunken beim Anblick des edlen Antlitzes Jesu, **Teresa von Avila** meditiert in ihrem Traktat *Von der Liebe Gottes* über den Satz aus dem Hohen Lied: *er hat mich in den Weinkeller geführt und in mir die Liebe geordnet*, **Hildegard von Bingen** empfiehlt diverse Wurzeln und Substanzen in Wein gesotten als himmlisch-irdische Medizin, **Aurelia Jurtschitsch** (die Schwester der drei Winzerbrüder aus Langenlois) plädiert für einen Galgantwein nach dem Rezept der hl. Hildegard, als Traubenmadonna reicht Maria bei Martin Schongauer (in der Hl. Familie) Jesus die Trauben, und eben diese Traube, nach der schon der kleine Jesusknabe greift, soll auf das Abendmahl vorausweisen, wofür sich eine besonders schöne plastische Darstellung so einer Madonna mit Traubenepitheton von Michael Pacher am gotischen Hochchor der Salzburger Franziskanerkirche findet, **Friederike Mayröcker** hat dieser Traubenmadonna ein Gedicht gewidmet:

Salzburg Pachermadonna Franziskanerkirche

zwischen den Zimtbäumen
in dem Jahrhunderte später hingehaltenen
Spiegel die Augen blau verhüllt
der Madonna niedergeschlagen die dunkle
Traubenfrucht in der Linken, im
konzentrischen Morgenstern zu beiden Seiten
des Throns die Blütenlaube die Hand
die zu berühren mich verlangte
in nicht berührbarer Nähe Kehlenkusz im Geflüster
das schmallippige das schöne
Kind hinter Wachspapierhäutchen wie damals, Turm
und Gehäuse der alte Beichtstuhl von damals, das
Erwachen an Augen, wir machen pausenlos Lebensfehler,
aber die schwebenden Köpfe
der Engel gekeilt in die strahlenden
Lanzen, transparenzkissenschwer (›Himmel
auf Erden‹)

ein anderer Christus, oder Christusvorläufer, nämlich der griechische Gott **Dionysos** (der römische Bacchus) bringt den Weinstock als weiteren Baum der Erkenntnis nach Attika und enthüllt dem Winzer **Ikarios** aus dem (gleichnamigen) Dorf Ikarion am Nordhang des Marmorberges Pentelikon (wo es nach Brandstiftung zur Baulandgewinnung fast jeden Sommer brennt, obwohl kaum ein Bäumchen oder Busch mehr zu sehen ist) die Kunst des Weinmachens, kurz bevor er die von Theseus zurückgelassene Ariadne auf Naxos heimgesucht und errettet hat, die Griechen verehrten ihn als den Er-Löser (mit Beinamen: Lysios), da er die Menschen von ihren Sorgen zu befreien imstande war, und zu Zeiten des ersten griechischen Winzers ist der ungemischte Wein vor allem ein starkes Gift, auch von Anfang an zeigt sich im griechischen Mythos der Wein als ans Menschenopfer und ans Opferblut gebunden, denn bereits bei der Ankunft des Dionysos in Ikarion kam es zu einem tragischen Zwischenfall: als Ikarios (der potentielle Weinbauer) das Geschenk des Weines aus den vollen Schläuchen an die Hirten verteilt hatte und sich diese betranken, glaubten sie sich vergiftet, erschlugen den Überbringer und vergruben ihn draußen vorm Dorf, Ikarios' Tochter **Erigone** suchte dann den Vater lange mit einer Hündin und fand ihn schließlich unter einem Weinstock liegen, welcher aus dem Leichnam mittlerweile emporgewachsen war, Erigone erhängte sich am nächsten Baum, der Hund sprang in einen nahen Brunnen (alle drei wurden in den gestirnten Himmel aufgenommen, darum gibt es auch das Sternbild des Hundes und die Hundstage, von 23. Juli bis zum 23. August), im Ritus nahm später ein Tier die Stelle des zu opfernden Gottes oder Menschen ein, im Dorf Ikarion war es der Bock: dieses Bockopfer und der dazugehörige Bocksgesang bildeten die Initialzündung zur Entstehung der griechischen *tragodía* (Tragödie)

Berberitze (Weinscharl)

dieser bis zu 3 Meter hohe stachelige, oft in diversen Steckenstreben hochschießende Strauch an Waldrändern von (und drinnen in) lichten Eichen- und Kiefernwäldern hält einen, hat man ihn einmal liebgewonnen, ganz schön auf Trab, zumal zur langdauernden Erntezeit in guten Fruchtjahren vom Spätsommer bis über den frostigen Jahreswechsel hinaus (Wintersteher!), *vulgaris* die einzige einheimische Art von 500 Arten der Gattung *Berberis* (wohl auch diese ein unbeabsichtigtes Geschenk der nordafrikanischen Berber an Eurasien zu unbekanntem Zeitpunkt, damalige Neobiota?), in Gärten und Parks sind bisweilen ostasiatische ZierArten anzutreffen

in den sogenannten hl. 3 Ländern des mittleren Kamptals, gegenüber von Stift Altenburg (im Norden) und dem Markt Gars (im Südosten), auf diesem schön gegliederten kargen Hochplateau mit steilen oft verwachsenen Gräben vom Flußlauf herauf, speziell dort wieder in Etzmannsdorf am Kamp (diesem im Mittellauf zu Schluchtseen gestauten Fluß, dessen dunkles Gewässer mit dem auffälligen 90-Grad-Knick nach Süden bei Rosenburg wie bekannt weit drunten mäandriert) und da wieder abseits an den Waldstücken zwischen Feldern und Wiesen des Rieds *Marchfeld* (früher bezeichnenderweise *Breitenbiegel* genannt, nach dem mächtigsten der verwachsenen Klaubsteinhaufen mit Kuschelbuschwerk, feinen Durchblicken und selbstverständlichen VersteckEcken), dort findet man im Herbst, oft durch anderes Dornwerk (Brombeeren) vor allzu leichtem Zugriff geschützt, diese roten länglichen

Träubchen, aus den Buschzeilen herausleuchtend, im Fernblick von den Hetschipetschkügelchen kaum zu unterscheiden, erst bei näherem Zutritt erkennt man diese eindeutig eleganteren Sauerdornfruchtbüschel, an fein gebogenen Stengeln zu zehnt (meist mehr) als quasi rote Stäbchen/Wälzchen hängend (mit Narbenresten an der Spitze und zwei länglichen bitteren Samen drin), und selbstverständlich beginnt gleich die Orientierungsmaschine unserem selektiven Ortsgedächtnis zuzuarbeiten: sind wir nicht letzthin im Bogen durch steile Schläge aus dem Höllgraben auf ebendiese Hochfläche mit ihrer Feldergliederung und ineinanderlaufenden SchotterWegen, die großteils dem Ort Etzmannsdorf zustreben, heraufgekommen (?)

diese besonderen Sträucher und ihren Standort hat man sich etwa schon als Kind in der jeweiligen JuvenilUmgebung gemerkt, jaja auf der nordseitigen Wiese (im Winter kinderskirennentauglich) hinter der Zistelalm am Salzburger Gaisberg ist ein solcher Busch frei dagestanden und die GeleeZubereitung aus den Minibeeren war zwar anstrengend (Passiersieb), aber sehr fein säuerlich hat das mütterliche Ergebnis dann geschmeckt, einfach nach mehr vom selben (allein schon um die Säure wegzubekommen, was nicht gelingt), auch wenn die Ausbeute nur für ein kleines Marmeladeglas gereicht hat, schon im Frühjahr merkt man sich gewöhnlich die diversen Standorte der üppig gelbblühenden Sträucher (Spermageruch!), auch wenn gar keine Chance auf Herbstbesuch bestehen mag, etwa an einer flachen Stelle der Verbindungsforststraße Weißenbach bei Haus zum Burgstaller hinauf, oder am Mürztaler Scheiterboden westlich der Hinteralm im Zugang zur Roßlochklamm, daß die Berberitzenblüten auch selbst die Bestäubung unterstützen können, das bewirkt ein automatischer Klappmechanismus bei Fremdberührung (Insekten), die 6 Staubblätter führen dabei Krümmungsbewegungen aus, d. h. sie neigen sich zueinander): die Berberitzinnen (wie sie die Botanikerin Sophie Niessner gendergerecht nennt) können sich nämlich gegen den Turgormechanismus ihrer umgebenden Staubblätter zur plattenfömigen Narbe hin, Griffel fehlt, nicht wehren (Bewegung in der Blüte), eine leidige Erfahrung: die Versetzung kleiner Wildbüsche in Hausgärten führt meist nicht zum gewünschten WuchsErgebnis, und wie bei der Kornelkirsche scheint auch eine gehörige Portion Feuchtigkeit zur Zeit der sommerlichen Fruchtentwicklung nötig zu sein

auch wenn ein erfahrener Landwirtschaftspionier (wie etwa Gottfried Neuwirth aus Wanzenau, dem kargsten der 3 heiligen Länder) davor warnt, die Beeren des Sauerdorns zu spät zu ernten, da sie dann möglicherweise aufgrund der herbstlichen Überfeuchtigkeit schon Schimmelreif angesetzt haben könnten (einen kleinen schwarzen Punkt findet man sowieso oft mittig auf vielen Fruchtstäbchen), und obwohl die Büsche lagebedingt Trauben unterschiedlichster Qualität bis hin zur Dürre ausweisen, wird man doch noch vorweihnachtlich von besonders prall ausgebildeten makellosen Gehängen, sogar an abseitigen Weingartenwegen, überrascht, wobei das erwünschte Ernten nicht rasch vor sich gehen kann, es sei denn, man schneidet die gelbholzigen Langtriebe des früher angeblich zur Zahnstocherherstellung verwendeten Holzes mit der vorsorglich mitgeführten Gartenschere ab (hört man das Gewächs aufschreien?) und entperlt erst zuhause die einzelnen Träubchen, die ja zugleich mit Abwehrdornen in den ZweigVerdickungen (Seitenknospen) entspringen (als Folge der Umwandlung eines Oberblatts zu einem dreistrahligen Blattdorn), ganz vorsichtig, um sie dann aufmerksam auf Darrgittern über Elektroheizschlangen oder warmen Ofenziegeln, die Gitter immer wieder wechselnd und schüttelnd, zu trocknen, denn bei mangelnder Aufsicht werden die zarten Dinger leicht verkohlt und die nicht unerhebliche Mühe war umsonst, vom Zeitaufwand ganz zu schweigen

Maria Marginter (mit RußlandErfahrung) weist freudig darauf hin, daß für das usbekische Nationalgericht Plow (Pilaw) Berberitzen obligat sind (sie verleihen der beliebten outdoor-EintopfSpeise einen sauren Geschmack, machen das Lammfleisch weicher und saftiger und betonen die Süße von Karotten und Reis), und daß die phänomenalen iranischen Reisgerichte (*sereschk polo*) sowieso mit getrockneten Berberitzen versetzt werden können, scheint sich herumgesprochen zu haben, gar die pakistanerfahrene Frau Botschafterin Brigitta Blaha wüßte ähnliches von ihrem Koch in Islamabad zu berichten, oder war es doch der ›persische Juwelenreis‹ (wie er im Kochbuch genannt wird), den die iranische Ehefrau des türkischen Generalkonsuls in Hongkong in Brigittas Nachbarschaft mit Berberitzen zubereitet hat, es soll auch schon vorgekommen sein, daß Hobbyköchen auf den orientalischen Märkten eine Verwechslung mit den zerkleinerten Summachbeeren (aus dem Fruchtfleisch des immergrünen Färberbaums) unterlaufen ist

sind auf der Blattunterseite der Berberitze (auch Boaßlbee Sauerdorn Weinscharl Zaufen und Zizibeer genannt) rote Pusteln zu sehen, hat der Getreideschwarzrost diese Staude als Zwischenwirt befallen (Weizen- Gerste- Hafer- oder Roggenfelder in der Nähe?), auch Mehltaupilze sind an Blättern nachgewiesen worden

mit dem (bisweilen verwilderten) ebenfalls gelbblühenden winterharten nordamerikanischen Gartenstrauch namens

Mahonie (deren bereifte purpurschwarze Beeren man einkochen, aber auch zum Färben verwenden kann) geht die verwandte Berberitze eine Verbindung zu verschiedenen Arten von Hybridgattungen ein, als giftige (!) Heilpflanzen gelten übrigens beide Sträucher, ausgenommen deren genießbare letzte Beeren

Birke

Hänge-, Zwerg-, Sumpf- und niedrige, schwarze und vor allem weiße Birke, das Charakteristische der Gattung sind schuppige Kätzchen, bereits im vorigen Sommer angelegt, die männlichen hängend am Ende der vorjährigen Triebe, die weiblichen überwintern als Knospen an der Spitze beblätterter Kurztriebe, Windbestäubung, Birkenpollenflugzeit ab April, die zahlreichen windvertragenen geflügelten Birkensamen (Nüßchen in Fruchtschuppen mit durchsichtigen Flughäuten) können bei Nachbarn mit offenen Fenstern (unangenehm) bis ins Schlafzimmer vordringen (Sept./Okt.), unschwer abzulösende Birkenrinde (darunter schwarze Borke) als Papier (für jugendliche Geheimbotschaften) und als Grundstoff fürs Birkenpech (bei Erhitzen unter Luftabschluß), dieses Pech ist das universale Klebemittel der Vorzeit (auch zur Herstellung von Juchtenleder nötig), Zweige sogar in nassem Zustand ein idealer Zunder, das weiße weiche Holz auch frisch gut brennbar, Birkenreiser für Saunagebrauch und als Strafmittel (Ruten), Becher im studentisch-korporierten Umfeld, auf *youtube* informative Anleitungen zum Zapfen von Birkenwasser (kurze Flußzeit im Frühling) und zum Auskochen des ötzigetesteten Birkenporlings (Dekokt des zu Streifen geschnittenen reinweißen *Tremas* zur Immunstärkung), kaum eine Drei Schwestern-Inszenierung (Tschechow) scheint ohne Birkenwäldchen auskommen zu können, des Bauhaus-Lehrers Herbert Bayers Augen schauen uns von den Birkenstämmen herunter an, Birkensperrholz aus heimischer Produktion wird von der Chantournée-Künstlerin Raja Schwahn-Reichmann für ihre drastisch verspielten trompe l'œil-Malereien benützt (*Die Philosophie im Boudoir*)

Bretterzeilengedicht (der Wald)

sehr warm
warm
kühl
kalt
sehr kalt
das sind die 5 Stufen im Wald
bald
sobald
alsobald
alsbald
Wald
Laubwald
Hartlaubwald
Gemeindewald
Hegewald
Sumpfwald
Jungwald
Anflugwald
Hochwald
Mischwald
Buschwald
Bruchwald
Lohwald
Nadelwald
Grindelwald
Mittelwald
Gnadenwald
Odenwald
Regenwald
Eichenwald
Buchenwald
Kastanienwald
Trockenwald
Birkenwald
Fahnenwald
Tannenwald
Espenwald

Föhrenwald
Fichtenwald
Schattenwald
Mittenwald
Auenwald
Bannwald
Schonwald
Fronwald
Kiefernwald
Bauernwald
Monsunwald
Niederwald
Schilderwald
Plenterwald
Hinterwald
Unterwald
Blätterwald
Dauerwald
Bregenzerwald
Moorwald
Urwald
Greifswald
Wirtschaftswald
Auwald
Neuwald
Schwarzwald
Schutzwald
Wald am Schoberpaß

Feld
Lavafeld
Gradfeld
Getreidefeld
Landefeld
Schneefeld
Karl Lagerfeld
Ruhefeld
Gemüsefeld

Kräftefeld
der Dollar fällt
Erntefeld
Prüffeld

statt Kahlschlag auf Kalk ist eine plenterwald- bzw. femelschlagartige Wirtschaftsform angezeigt, Reinbestände werden nach Möglichkeit durch Mischwälder ersetzt, der zyklisch auftretende Befall durch die Miniermotte läßt das sonst gewohnte Frühjahrslärchengrün spätherbstlich braun überlaufen ausschauen, die Nadelschütte der Fichte infolge Befalls durch Rhizosphäre- und Lophodermiumarten oder andere Schwächeparasiten ist weit verbreitet, mit forstlichen Mitteln allein ist der Forst nicht zu retten, das Aufforsten mit relativ rauchharten Baumarten anstelle der empfindlichen Tannen und Fichten wird angeraten, eine akute Gefahr durch SO_2 im Lee der Hauptemittenten und eine starke Schädigung des Traufs ist insbesondere in Westexposition zu erwarten, bei gleichzeitiger Einwirkung von Luftschadstoffen und Klimaextremen wie hoher Trockenheit, Strahlungsintensität und späten Frösten kann es zu unerwünschten Synergieeffekten kommen, auch in der Landwirtschaft gibt es bereits Anzeichen dafür, daß Pflanzen überhaupt nicht mehr wachsen wollen, Wildverbiß infolge jägerseits erwünschter hoher Wilddichte setzt der Naturverjüngung außerhalb des Zauns stark zu, drinnen läßt sich eine reiche nitrophile Flora sowie Regenwurmfauna bei verstärktem unverzwieseltem Aufwuchs feststellen, ab dem Stangenholzalter wird jetzt nicht mehr in die Kronenschicht eingegriffen, damit ein dichter Bestandesschluß erhalten bleibt und den Schadstoffen die geringstmögliche Angriffsfläche geboten wird, der Ausdruck ›Kompensationskalkung‹ könnte bei den Emittenten leicht den Eindruck erwecken, der Schadstoffeintrag lasse sich kompensieren, der dichte tote Boden wird bis 45 cm tief gelockert und so zu neuer Feinverwurzelung tauglich gemacht, Voraussetzung für die Spatendiagnose zur Feststellung der Intensität des Bodenlebens ist das Herausheben eines Profilklotzes zu verschiedenen Wachstumszeiten, unterirdisch können sich wesentlich mehr Lebewesen ernähren als dies auf gleicher Fläche oberirdisch möglich ist, der Druckkeil, der sich bei der Holzrückung vom punktuell aufgesetzten Pferdehuf bildet, ist zwar wesentlich stärker als jener des rollenden Breitreifens, er baut sich aber im Gegensatz zur Spurverdichtung beim Pneu am Boden sehr schnell wieder ab, nitratreiches Grundwasser unter Intensivanbauflächen muß zur Trinkwassergewinnung mit nitratarmem Wasser aus dem Wald auf den gesetzlich zulässigen Grenzwert heruntergemischt werden

bei
der Errichtung eines
Trocknungsstoßes empfiehlt
der Holzfachmann das präzise Auflatteln
der Bretter mittels Sägewerkslatten aus der
Seitenware, dem sogenannten Besäumholz mit
der Waldkante, wobei der Stoß nach der Form des
Stamms aufgeschichtet sein kann, d. h. er erscheint
von der Stirnseite gesehen wie ein sich erweiterndes
und jetzt wieder verengendes Bretterzeilengedicht,
das dann luftig an der wetterabgekehrten Seite
oder gleich unter Dach, wenn im Freien, dann
aber auf jeden Fall abgedeckt und eventuell steinbeschwert für 4 bis 5
(oder auch für fünfhundert)
Jahre zum Trocknen da-
steht

Buche Rotbuche

liebt nährstoffreiche Böden, später Laubaustritt, domartig gewölbte Krone, bis 30 m hoch, Gang durchs herbstlich raschelnde Buchenlaub, erste Wahl im BrennholzAngebot, zerfällt vom Kernholz her zu BlumenHolzErde, phosphoreszierender Baumstrunk als Attraktion im nächtlichen KindheitsWald, starkes Bucheckernjahr ist starkes Mäusejahr (wissen das beide im voraus?), Dreikantschalen der Nüsse mit Fingernagel schwer zu öffnen, gepreßt: SpeiseölAlternative, Buchfink pickt nur die Keime heraus (in großen Mengen), BuchenMöbelleisten als gefundenes Fressen für kleine Holzwürmer (Larven der Buchenwühlmotte), Buchstaben Runenstäbe Bücher, Konzentrationslager Buchenwald nahe Weimar, Galeerenruder, Achsenholz, Räderfelgen, Pflugbalken (von Wagnern und Stellmachern hergestellt), Scheffel, Trommelzargen, Käseschachteln, Kisten zum Verpacken von Kandiszucker, Bugholz für Millionen von dampfgebogenen *Thonet* (Nr. 14/1859)- und *Kohn*-KaffeehausStühlen, Absätze für Männer- und Frauenschuhe, Schlittkufen, Halsjöche fürs Hornvieh, Hornschulen, Tabakspfeifenköpfe, Buchen sollst du (auch bei Gewitter nicht) suchen, Mutwille gegenüber der Kaiserbuche am Haunsberg, aus der glatten grauen Rinde der Buchenwaldstämme schauen Dich von allen Seiten her die AstAugen des österr. Surrealisten und SchriftEntwerfers Herbert Bayer an (bei ihm sind es allerdings BirkenAugen, siehe dort)

Corona von Bäumen zerrissen (Citation)

Trauma Duma Rheuma Puma
Ghana Tirana Nirwana Guayana
Jena Nena Poena Arena
Pagina Vagina Angina China
Anna Hosianna Manna Susanna
Donna Belladonna Madonna Primadonna Corona
die hl. Corona ist traditionell die fürs Geld und für den Lotteriegewinn zuständige Fürbittgestalt, aber können wir wirklich sicher sein, daß Gott dementsprechend handelt, wenn wir zu ihm beten / ihn um etwas bitten, auf Fürsprache dieser heiligen Vermittlerin hin, wenn auch unter Zuhilfenahme eines approbierten Beschwörungsbuchs: und wir ihn etwa um Folgendes bitten: nämlich 9000 Stück wohlgeschlagener Dukaten hiesiger Landeswährung, durch Vermittlung der hl. Corona, in herzzwingender Ermahnung und Citation herbeizuschaffen: *verweile dich nicht länger, sondern komme schnell und bald, bringe, was wir verlangen, herein in dieses gegenwärtige Zimmer, denn ich beschwöre dich*
bei Tag und Nacht
Hitz und Kält
Sommer und Winter
Berg und Thal
Laub und Grass
Stein und Letten
durch alle Wurzeln und Kräuter
auch du, heilige/r Geist/in, der du ein Zwang aller Geister bist, nicht verweile dich länger und halte uns auf, sondern komme schnell und bald, bringe, was wir verlangen, herein in dieses gegenwärtige Zimmer, denn wir beschwören dich …
die hl. Corona war der Legende nach Gattin des Märtyrers

Victor (beides sind wohl nur Über-Namen: er der Sieger, sie die Gekrönte), im Alter von erst 16 Jahren erlitt sie ebenfalls den Märtyrertod, u. z. auf besonders spektakuläre Weise: man band die junge Frau an zwei herabgebogenen Palmen links und rechts fest, ließ diese dann los und so wurde ihr Leib beim Emporschnellen der Stämme in Stücke gerissen, am 14. Mai 177 nach Christus, und in Sankt Corona am Wechsel, wo eine unvermutete Corona-Statue 1504 in einer hohlen Linde gefunden wurde, hält eine weitere Darstellung der Heiligen (aus dem 19. Jhd.) je eine dieser Palmen rechts und links in Händen (allerdings Bäume von wenig gefährlicher Menschengröße), ihre Legende liegt in griechischer Form in den Orten Damaskus (Syrien) oder Antiochia (Türkei) vor, in der lateinischen Fassung auf Sizilien und in Marseille, in der äthiopischen Variante mit dem Schauplatz Alexandria in Ägypten, ihre Reliquien kamen von dort über Zypern und Sizilien nach Norditalien, etwa zur späteren Basilika in Feltre (Prov. Belluno am Südrand der Alpen), nach Aachen und nach Prag, besondere Verehrung erfuhr sie und Wallfahrten für sie wurden abgehalten in Altbayern, Böhmen und Niederösterreich, so auch ein Bittgang der Wiener Fleischer nach St. Corona am Schöpfl (dem höchsten Berg des Wienerwalds), wo zusätzlich ein Heilbrunnen fließt, vor dem sogar die türkischen Pferde in die Knie gegangen sein sollen, die österreichische Münzeinheit hieß bis 1924 nach der hl. Corona die Krone, (auch) St. Corona liest (die) KronenZeitung, die Restaurierung ihres Bleisargs in Aachen wird angesichts der im März 2020 sich verschärft habenden Corona-Epidemie beschleunigt fortgesetzt
Sonnenkorona mit K-Korona, F-Korona und L-Korona
Ätna Boa Papa Opapa
Pulpa Pampa Mitropa Europa
Ara Ära Sahara Tiara Chimära
Trara Tara Abrakadabra

Eibe

einziger Nadelbaum ohne Zapfen, immergrün, Rinde rotbraun (im Alter grau), zweihäusig, 10 Arten, in Mitteleuropa nur *Taxus baccata* (baccata bedeutet: beerentragend), liebt guten trockenen Boden, ein Tertiärrelikt, steigt bis 1400 m Höhe ins Gebirg, Pferde nicht entlang von Friedhofsmauern (wenn Eibenzweige drüberhängen) grasen lassen, denn im Fall von Zweigeknabbern (auch von abgeschnittenen Stücken): nach 1 Stunde tot, strittig, ob Eibennadeln nicht doch eigentlich Blätter sind (siehe Ginkgo), Rinder und Ziegen (übrigens alle Wiederkäuer, vor allem Rehe) könnten sich an Nadelverzehr gewöhnen, Vögel picken ohne Folgen Scheinfrucht der weiblichen Bäume (diözisch ist gleich zweihäusig: also entweder oder, selten auch monözisch/einhäusig: also sowohl als auch, aus männlichen Zapfen extrem leichte Pollen) mit eßbarem rotschleimigem süßlichem Samenmantel (sogen. *Arillus*): außer in China und Japan schreckt man vor seinem Genuß zurück, schwarzer Same drinnen wieder giftig, lange Keimruhe, wer einen kupfernen oder ehernen Nagel in den Stamm schlägt, nimmt damit dem Baum sein Gift, so Tabernaemontanus aus Bergzabern 1588, Todesbaum, *Taxol* gegen EierstockKrebs (antineoplastisch = zellwachstumshemmend, komplexe TaxanDerivate (aus bis zu 50 einzelnen Komponenten) sind bisher nicht zu synthetisieren, Zweige als Zutat im Zaubergebräu der Macbeth-Hexen, als Abwehrmittel zugleich ins Leichentuch gesteckt, Sinnsuchende wissen den Eibenschatten zu schätzen (etwa um sich darunter zum Träumen hinzulegen), Hüterin der Schwelle, selbst Schattenbaum (den Erinnyen geweiht), Artemis tötet Niobes Töchter mit Eibenpfeilen, 5–10 dkg Nadeln (oder Blätter) sind für den Menschen tödlich (Vergiftungserscheinungen bis zu 24 h verzögert), Baum des Wintergotts *Ullr* (SkifahrerTalisman), im Winter höhere Giftkonzentration als im Frühjahr, schönes Intarsienholz (in braunen Adern auf gelbem Grund, mit dunklen Streifen, wie gemalt und geschlängelt), nimmt vortrefflich Politur an, EibenholzKämme in Pfahlbauten gefunden, Verwendung: von Neandertaler-Speerstangen über Ötzis Bogen und normannische Armbrüste bis hin zum Schaft erster (noch langsamer) Handfeuerwaffen, für die schnellen englischen Kampfbögen wurden 2 m lange Bogenrohlinge aus dem äußeren Teil des massiven Eibenstamms geschnitten, im Splint- zu Kernholzverhältnis 3:1 (Ausfuhrmonopole und Türkenexportverbote unter Karl V.), Büsche sind durch Schnitt in jede beliebige Form zu bringen und auch gebracht worden, Wiens ältester Baum, jene angeblich 1000-jährige Eibe seitlich des Botanischen Gartens (schon auf Patentamtgrund, offiziell nicht zu besichtigen) ist innen ausgehöhlt, ihre quasi freistehenden Randstücke sind mit einem eisernen Gürtel bewehrt und werden von diesem zusammengehalten, dagegen: das am Rand des dortigen Alpinums stehende prachtvolle intakte EibenExemplar wäre, wenn vom damaligen Gartendirektor Jacquin junior (Joseph Franz) gepflanzt (wie Betreuer David Bröderbauer vermutet), ziemlich genau 200 Jahre alt (auch seine Zweige entlassen jeden Februar bei entsprechendem Windstoß oder Mutwillen von schüttelnden Besuchern eine dichte Pollenwolke)

vor den Eiben / kein Zauber kann bleiben

Eibe Ibe Kantelbaum / deinen Verzehr überlebt man kaum

Eiche

es gibt gezählte 24 EichenArten (oder mehr), Stieleiche: Sommereiche (schon wenige Meter über dem Boden verzweigt), Traubeneiche: Wintereiche: Stamm durchgehend, die gewöhnlich 14 Tage später beginnende Blüte und die traubig sitzenden Eicheln gaben dem Baum seine 2 Namen, 7000 Joseph-BeuysEichen (darunter auch Eschen und Platanen) plus dazugehörige BasaltStelen wurden in Kassel ab dem Jahr 1982 gepflanzt, als MöbelbauHolz schwinden Eichenbretter und -pfosten (speziell von Trauben- und StielEichen) am geringsten, sie sind auch gut zu politieren, gekalkte Eiche war nicht nur im Jugendstil beliebt, dieser Baum unterdrückt speziell im Mischwald, weil stark saugend, bald die Konkurrenten in der Umgebung, die Eiche ist ein Zukunftsbaum, der auch Trockenheit und große Hitze gut aushält, der hl. Bonifatius (auf Angelsächsisch: Winfried) ließ ums Jahr 722 die göttliche Eiche (die *arbor Jovis*) bei Geismar in Hessen zerstören und aus ihren Resten ein PetrusOratorium errichten (heute Stiftskirche St. Peter in Fritzlar), EichenAufwuchs nach Fällung (also der Stockausschlag, sogenannte *Loden*) lassen sich gut zu Reifen verarbeiten, unter Barrique versteht man speziell ein 225-l-Eichenfaß, junge EichenRinde vertreibt kaltes Fieber, auch das ist ein Mittel gegen die englische Krankheit (Rachitis), nämlich: Surrogatkaffee aus gerösteten Eicheln (nach einer Empfehlung des Makrobiotikers Christoph Wilhelm Hufeland), dieser bleibende Kelch der Eichelschüsselchen am Stiel (ohne Eichel) diente einst als KinderSpielzeug (für eine Art rauchloses Pfeifchen), nach einer

ZIZI genannten Operation (*circumcisio*) liegt die männliche Eichel so gut wie frei (Vorteil: Coitushygiene, Nachteil: durch Wegfall des *frenulums* verminderte Erregbarkeit), die Eichenrinde wurde in traditioneller Grubengerbung für Loh- und Rotgerberei verwendet, als AntoniusPrivileg im Kloster Isenheim galt freie Eichelmast für die Schweine, sonnengetrocknetes Eichenblätter-Schneitellaub diente als Winterfutter fürs Kleinvieh, in beständigem Material ausgeführt sieht man es als Dekoration für Militärs (drei deutsche Eichenblätter ersetzen jetzt das Hakenkreuz, 1 Eichenblatt findet sich auf der Rückseite der deutschen Cent-Münzen), traditionell für Bouteillenweine waren lange Zeit iberische Stöpsel aus Korkeichenrinde in Verwendung, zwar wenig strapazierfähige, doch schrittschalldämpfende KorkSchuhsohlen zeichnen bestimmte Gesundheitsschlapfen aus, auf der Suche nach der verlorenen Zeit haben sich korkene Schallschutzwände für den störgeräuschempfindlichen Marcel Proust bewährt, Felloplastik meint: Korkbildekunst, die französische Scharlach-Farbe aus der Beere (*recte*: dem Insektengehäuse) der Kermes-Eiche ist farbbeständiger als das mexikanische CochenilleRot (aus zerdrückten Opuntienläusen), unreifer EichenGallapfel nach Wespenstich ergibt (mit Eisenverbindung versetzt) einen schwarzen Niederschlag: mit solcher EisengallusTinte pflegte etwa der AllroundMusiker Renald Deppe seine vektorialen grafischen Partituren zu zeichnen, mit der Stahlfeder, und seine musikalischen NachfahrInnen suchen diese seine graphischen Partituren akustisch zu realisieren

Erzherzog Johann-Reminiszenzen (Itinerar West)

um auf die Ortsbezeichnung **-ofen** zurückzukommen, die nicht nur hier in der Weststeiermark, in der Umgebung von Stainz, sondern etwa auch am Dachsteinplateau gängig ist, dort als Hundsofen, Mitterofen, Sauofen, Gamsofen etc. in der Karte (terrestrische Aufnahme 1913) verzeichnet und immer eine Art Felsenkuppe bezeichnend: hier macht vor allem der versteckte **SporiRoaOfen** großen Eindruck, eine (versteht sich) kristalline Felsplattenformation in mehreren Auftürmungen, die vom Tal aus kaum gesehen werden kann, sosehr ist sie im Waldwinkel östlich des Reinischkogels versteckt, während man doch im Gegenblick von dieser Plattform aus weit hinunter in der Fließrichtung des Sauerbrunnwassers und hinaus bis in die Murebene zum charakteristischen Wildoner Berg (mit Neureichenansitz unweit der Autobahn) und zu den erahnbaren Vulkanbergen dahinter zu schauen vermag, erreichbar wird dieser Felsensitz mit dem unaussprechlichen Namen über das edelkastanienbestandene Anwesen *Mausegg* durch Hohl- und Forstwege (Vorsicht: einmal eine Sechswegekreuzung!) oder für Spezialisten in Wegfindung durch wegloses Gebiet direkt im Wassergraben hinter der SauerbrunnAbfüllRuine (abzuraten), an einer weiteren Felsformation vorbei gelangt man markiert absteigend zu einer instandgesetzten oberschächtigen Mühle und einem kleinen überwucherten E-Werk in Betrieb, um gleich in der dortigen Nähe, nur einen Graben weiter zu bleiben: der düstere

Höllgraben ist jetzt von der Meranschen Forstverwaltung mit Schranken gesperrt und die Zufahrt zum Gasthof **Klugveitl** (oberster Stainzbach) mit seinen sprichwörtlichen Großportionen (hinten in der Kachelofenstube einzunehmen, die aussichtsreichereVeranda ist unbeheizt und ohne Licht) erfolgt jetzt bereits weiter talauswärts im Bogen über Greisdorf, immer auf der Höhe bleibend, und an dem hier überraschenden Wegweiser STEINBERG AUTOBAHN vorbei, abends in diesem verwunschenen Berggasthof angekommen, kann man sich den vermutlichen Andrang von Tagesgästen nur vorstellen (imaginieren)

wohl denkt der Besucher auf solch waldabgeschotteter Höhenlage zu den freien Almweideflächen der Koralpe hinüber/hinunter, wo aus den baumlosen Matten da und dort markante Felsplattenköpfe und Profilansichten hervorschauen, auch sie Öfen genannt, etwa auf dem Kärnten-Paßübergang mit der paradoxen Bezeichnung *Weinebene*, viel habe sich seit dem erzherzoglichen Besuch im Sommer 1811 hier verändert: die Gipfelregion des windgepeitschten **Speikkogels** mit seinen beiden Radarkugeln (die jüngere davon hoch auf Stelzen gestellt und mit einem unterirdischen Gang mit dem Haupthaus verbunden) würde der beschworene Erzherzog wohl kaum mehr wiedererkennen, schön das weitläufige Große Kar zwischen *Hühnerstütze* (Bergname), Hauptgipfel und *Steinschneider* (Höhenrücken, siehe das blaue Schild: KORALPENSCHUTZHAUS Speisen Getränke Betten), in dieser weiten Mulde stößt man immer wieder auf grellweiße freiliegende Marmorblöcke, die aus der Ferne für den ersten Blick wie Schneeflecken aussehen, kleines Aviso: bevor der Weg rechts hinten ansteigt, gelangt man an eine gut bewachsene Feuchtstelle im Hang, und dort könnte von den Meisterwurzblättern gekostet werden (sollte es an Appetit mangeln), kreisrunde Almhütten finden sich in diesen Gegenden selten, und die **Grillitschhütte** hier bildet eine der Ausnahmen, hat sie doch ein Vorfahr angeblich nach einem Apulienbesuch mit einem Scheingewölbe wie bei den dort gesehenen Trulli aufgerichtet und mussten bald zur Mauerstützung Eisenbänder in Gliedern ums gesamte Hüttenrund gelegt und festgeschraubt werden, Kärntner Nudeln werden im Holzanbau serviert, die Darstellung der apokalyptischen Reiter an einem Plafondsektor der Steinhütte wird bereitwillig gezeigt (wenn auch nicht gern darunter gesessen), Mutterkühe und Töchterkälber grasen oder lagern, Ferkel holen sich den ersten Sonnenbrand, Hühner sind nicht zu sehen (würde man ihnen Rufnamen geben, heißt es, wären sie fuchsfest), einen kleinen Hahn (Birkhahn) könnte man allerdings schon aufgescheucht haben (der streicht dann schwarz und schwergewichtig ab)

daß ein Architekturdetail des weststeirischen Hauses, nämlich ein schmalerer hölzerner Breitseitenvorbau mit Quasi-Mansarde (ähnlich dem Ausseer Brückl) jetzt **Erzherzog-Johann-Vorbau** genannt wird (Quergiebel im Blockbau), dürfte weniger verwundern denn die Tatsache, dass der Pfarrer von Kitzeck im Sausal, einer Salzburger Gründung mit dem höchstgelegenen Weinberg und Gemeindefriedhof, sich mit seinem deklarierten Arzt-Freund und dessen Frau, wie kolportiert wird, ins selbe Grab hat hineinlegen lassen, also 3 hölzerne Särge übereinander, auch kann man dort die wohl tiefstgelegene Kanzel im Mauerwerk eines Kircheninneren sowie einen Beichtstuhl wie eine adaptierte KuchlKredenz ausgeführt sehen, SAUSALBUS steht merkwürdig tönend (wenn man es ausspricht) auf den Schildern der Haltestelle und das Salzburger Transportunternehmen ALBUS steckt da auch drinnen, die Gastronomiebetriebe der Umgebung lassen sich auf einer altmodischen Lämpchen-Landkarte blinkend aufrufen, bleibt noch, auf die hallstattzeitlichen Hügelgräberkuppen (mittlerweile selbst baumbestanden und im Wald versteckt) und auf die zu erschließende oder zu belassende Sulmtalnekropole mit ihren 700 Gräbern an den bewaldeten Abhängen des Purgstalls hinzuweisen, Rekonstruktionen hallstattzeitlicher Vorrats- und Webe-Hütten sind neu aufgestellt, ohne eisernen Nagel, und vom Ort Großklein zum Ort Kleinklein ist es gar nicht weit und beides leicht zu merken

und schon bekommt man wieder den schwefeligen Geruch und Geschmack des **Sauerbrunnens** westlich von Stainz in Mund und Nase, wie man ihn bis auf Widerruf bei freier Entnahme dort hinten auf der Waldwiese in die PET-Flaschen füllen kann, die dann bei längerem Stehen unten unschön anlaufen, dazu gibt es zwei gegensätzliche Anweisungen: das heilsame Wasser unbedingt sofort trinken (möglichst 1 ½ Liter pro Tag) oder aber es 2 Tage stehenlassen, dann habe sich der strenge Geruch verflüchtigt und der Säuerling aus der jetzt so benannten Erzherzog-Johann-Quelle lasse sich gut mit dem Schilcher zur sogenannten ›Mischung‹ (bei deren Bestellung man anderswo verständnislos angeschaut wird) mischen, *i wünsch dem Wasser a guate Zukunft*, soll der allgegenwärtige Peter Rosegger an dieser Stelle gesagt haben, das angeschlossene rotversinterte Kneipptretbecken lädt zum Hosenhinaufkrempeln und wechselbeinigen Durchqueren ein (auf den Warntafeln steht: *bei Schmerzen das Becken sofort verlassen, Wassertreten am Abend kann zu Schlafstörungen führen*, und tatsächlich ist man froh, mit den unteren Extremitäten bald wieder im warmen Trockenen zu sein)

Frau Luise Hölzl, die Tochter der ehemaligen Betreiber dieses sogenannten **Römerbads Sauerbrunn** und des Gasthofs Lochmann (ab 1932 von Edgar von Rücker/Este gepachtet, bis 1956) – es existiert auch eine Ansichtskarte davon –, erklärt den damaligen Badeablauf so: es gab 8 Wannen mit Einzelanwendungen zu je 20 Minuten, die Hausgäste kamen bereits um 6 Uhr dran, der Bäderbus rollte um 14 Uhr herein und um 16 Uhr wieder talauswärts (da ging es um die hölzernen Bottiche herum hektisch zu), Herz-Kreislauf-Patienten badeten kalt, die anderen unter Zusatz von erhitztem Süßwasser: aus dem einen Hahn floß der Säuerling (⅔), aus den anderen das Heißwasser (⅓, in zwei Kesseln mit Holz erhitzt), es wurde also erst in der Wanne gemischt, da man ja das Heilwasser selbst nicht erhitzen durfte, der Säuerling wurde ganz vorsichtig von unten mit einem Schlauch eingelassen, daraufhin entstanden bei den Badegästen Perlen am ganzen Körper und man konnte sich selbst mit der Hand ein Muster in den Ausschnitt malen, die Verwendung von Seife war strengstens verboten, die Bottiche wurden mit heißem Wasser und Reisbürsten gereinigt und geschrubbt, gelbbäuchige Äskulapnattern (wärmeliebend) haben sich unter den warmen Wannen und Abrinnen gesuhlt und bisweilen unvermutet Schrecken erregt, nach den 20 Bademinuten legte man sich unter eine Decke in den Liegestuhl, vor Gewittern stieg der Schwefelgeruch des Wassers merkbar an, von November bis Februar ist dieser baumbestandene Quellgraben sonnenlos, die Quelle, deren Wasser unterirdisch über Schwefelkies rinnt und die tiefer als das Bachbett liegt, wurde damals neu gefasst und zur Reinigung über einen Metallschirm mit Öffnung geleitet, spätere Besitzer (Bachmann, Klosius) haben das Wasser abgefüllt oder auch mit Orangenextrakt zu einer FONTELLA genannten Limonade gemischt, Gasthof und Bäderanlage sind verschwunden, im verfallenen Abfüllhaus ist eine schwer leserliche Tafel angebracht, auf der die Quelle so von sich selber spricht: *Als Heilquelle schätzten mich schon im 3. Jhd. die Legionäre unter Constantin bis Arkadius, im 14. Jhd. kam ich ans Chorherrnstift Stainz, 1627–1632 wurde ich vom landschaftlichen (?) Arzt Dr. Arquatius untersucht und als gutes Heilwasser empfohlen. Mit dem Kauf des Stiftes Stainz durch seine kaiserliche Hoheit Erzherzog Johann 1841 wurde ich Eigentum des Grafen Meran und 1875 neu gefasst und ausgebaut. 1959 entstand mein neues Haus unter Prof. Dr. Ing. Ferdinand Wultsch*, nach dem Krieg stand die Anlage als sogenanntes Deutsches Eigentum unter dem Kurator Bauer-Kulperta

jetzt denken wir uns aber zu einem anderen fernen (unschwefeligen) Quellgebiet hinauf, aus dessen Schüttungen mittlerweile in einer zweiten Hochquellleitung auch die Reservoirs der Hauptstadt Wien gespeist werden, nämlich ins Hochschwabgebiet an die Nordseite des Seebergsattels (1253 m), wo knapp 200 m tiefer das Gehöft **Brandhof** liegt, das umfriedete Anwesen besteht aus einem Haupthaus mit auffälliger Kapellenapsis samt auslaufendem Außenbrunnen (1828) und mehreren, auch landwirtschaftlich gewidmeten Nebengebäuden, alles in bestem Erhaltungszustand, speziell die Abzäunung mit Bodensockelzone (schräg abgebrettert), mit gemauerten Stehern samt geschindelten Pyramidendacheln, in den Zwischenräumen Staketenzaun eingesetzt, ist der Erwähnung wert, man hört davon, dass sich dort einmal im Jahr alle Mitglieder der verzweigten Familie bei Fritz Meran treffen, das hintere Tor des Anwesens steht quasi in die Jagd- und Wanderrichtung offen, der offizielle Weg führt rechts unten beschildert und markiert zur GRAUALM ab, *Wenn Gott mit mir, wer gegen mich*, steht als Schriftband unter dem rot-weiß-roten Bindenschild (unter einem kleinen neugotischen Baldachin geschützt) an der Gartenschmalseite des Haupthauses, in dessen Kapelle damals (am 18. Februar 1829) die nächtliche Vermählung zwischen Johann und Anna gefeiert wurde, wie in der anrührenden autobiographischen Rechtfertigungsschrift *Der Brandhofer und seine Hausfrau* beschrieben wird, die Trophäensammlung im Brandhof besteht übrigens im Gegensatz zur überbordenden Lambergschen in Trautenfels nur aus 3 Gamskrucken und 1 Zwölferhirsch. *Nani, ich lasse nicht von Ihnen*, hatte es 7 Jahre zuvor am 9. August 1822 *in einer der schönsten Gegenden des Ennstals* im Angesicht von **Schloß Trautenfels** nahe der Ennsbrücke unter freiem Himmel als Verlobungsschwur geheißen, *der Erzherzog will Sennerinnen sehen*, wurde noch Jahre zuvor anlässlich der Berg- und Almenbesteigungen im Salzkammergut von weniger wohlmeinenden Zungen behauptet, im (auszugsweise gedruckten) Tagebuch der Dachsteinüberquerung 1810 heißt es, wohl die Gjaidalm betreffend: *ich fand alles reinlich und zweckmäßig … die nämlichen Gesänge wie im Ausseeischen, nur werden sie hier besser gesungen. Die Einsamkeit ist hier groß, alle 14 Tage holen die Eltern der Sennerin, denen gewöhnlich die Hütten gehören* [aus der steirischen Ramsau], *die Erzeugnisse und bringen ihr dafür Brot und Mehl; da sie so einsam sind, so beschäftigen sie sich mit Stricken* (Eine Reise in Obersteiermark im Jahre 1810, hg. von Franz Ilwof, Leuschner & Lubensky, Graz 1882), man könnte sich heute eine kommentierte Ausgabe der (unzensierten) Reise- und Wandertagebücher wünschen samt den Bildern der als Zeichner engagierten Kammermaler, der größere Teil der (kurrent geschriebenen) Originalaufzeichnungen sei in den Wirren des 2. Weltkriegs verlorengegangen

die beiden gelb gefärbelten KupferhaubenTürme der Stainzer Schlosskirche (Altar nicht nach Osten ausgerichtet/nicht geostet) sind von überall her gut zu sehen und man ertappt sich dabei, wie man sie in der kleinteiligen Landschaft immer wieder als Orientierungshilfe sucht, sei's vom Georgs-, Fugga- oder Graggererberg im Osten aus (wo etwa die bedächtige Irmgard Schaumberger ihre Erinnerungsarbeit auf Ofenplatten gebrannt hat), sei's von den höher gelegenen Dichtersitzen im Westen herab, sei's von den Veranden der Häuser im Gamsgebirg aus (etwa vom Katona-Atelier am Neurathberg) oder vom Panoramaturm der **Stainzer Warte** selbst: da könnte man in Gedanken nochmals den am Schloß beginnenden Wald- und Weinbergweg abtastend nachgehen, Diana und Aktaion aus dem Deckengemälde im gleichnamigen Nordostsaal des Schlosses bedenkend, hinein in die Musterforste des Brünndlwalds, hinüber zu den Jausen- und Biostationen von Marhof, hinauf auf den langgezogenen aussichtsreichen Rücken von Hochgrail, Kornkneul und Greisdorf (ich trinke als Schilcher immer nur den Hauswein, das ist der beste, erklärt ein weiblicher Stammgast mit Nachdruck, während sich die Auswärtigen lieber an prämierte Abfüllungen halten), und es würde einem wohl dabei bewusst, wie viel man in dieser gesegneten Gegend und von ihren entgegenkommenden Bewohnern aufgenommen und wie wenig man gleichzeitig von allem mitbekommen hat

Esche

auffallend an jungen Eschen die schwarzen samtigen Knospen (wie Rehkitzhufe), EschentriebSterben durch asiatischen Pilz (falsches weißes Stengelbecherchen), Same mit Flügeln, reiner Same (vogelzungenförmig), im Mai hüllenlose seitenständige Blütenrispen, zur Windbestäubung, dennoch Bienenbesuch zum Pollensammeln, Laubaustritt erst im Juni nach der Blüte, ausgeformtes Blatt: gegenständig unpaar gefiedert, mit meist 11 lanzettlich zugespitzten Teilblättern (die unterseits am Mittelnerv behaart sind), Schössling leicht durch hohen Graswuchs erstickt, bevorzugter Wildverbiß, bodenzehrend, Eschenholz wird sogar im Wasser stehend fester, Siebmacher klopfen die Eschenholzspäne mit Holzhammer flach und elastisch, Werkzeugstiele, freudiger Stockausschlag, SchneitelEschen weithin an den Überwalmungen der ehemaligen Schnittflächen kenntlich, Krautauflage bei Bißwunden (etwa durch die Kupfernatter), schleimreicher Bast als Wundverband, EschenLaub in den Schuhen gegen Fußmüdigkeit, druidische Zauberstäbe aus Eschenholz, Speerschäfte (hart und elastisch zugleich) für Ares und Achill (Chiron), Skier der Frühzeit, warme und feuchte Jahre lassen an der MannaEsche so viel Manna (*calabrina*) austreten (erhärtet gesammelt, an der Sonne weitergetrocknet), daß die Blätter wie überschneit aussehen (Eindruck eines Himmelsfalls), im Weltenbaum Yggdrasil prognostisches Blätterrauschen, Eschenbeben verkündet WeltenEnde, Esche: Mann, Erle: Frau, oder Ulme: Mann, Weinstock: Frau, Ziegen fliegen auf Eschenblätter, auch auf solche der nicht verwandten Eberesche (Aberesche ist gleich NichtEsche, Vogelbeere), spanische Mücken müßte man an warmen Frühlingstagen auf der Esche suchen

Hainbuche Weißbuche (*hoabüchern*)

botanisch keine Buche, sondern ein Haselnußgewächs, auch Hagenbuche, Hornbaum, Rollholzbaum, wegen der vielen Stockausschläge kommt es oft zu dichtem Wuchs, unterscheidet sich scharf von der eigentlichen Buche, männliche Blume mit ihren 10 Staubbeuteln, bilden Kätzchen, vergrößerter Staubbeutel, weibliche Blüten (hängen auf dem Gipfel eines Ästchens und sind mit ihren 2 roten Spitzen sichtbar), Windbestäubung, reifer Samen mit geaderten Flügeln (die dreilappigen Früchte lösen sich erst in den Wintermonaten ab und beschreiben eine schraubige Flugbahn: Schraubenflieger), blühender Zweig, Zweig mit grünem Samen, Stamm: gerieftes Aussehen, als bestünde er aus einem Bündel von Stäben verschiedener Dicke (*spannrückig*), Mäuse nagen die junge Rinde bis aufs Holz ab, glatte Borke mit dunklen Streifen auf hellgrauem Untergrund, nervig: gut anzufassen, von hanebüchener Zähigkeit, als Schneitlbaum im iranischen AlborzGebirge ausgewiesen (Lokalaugenschein), hartes weißgelbes Holz für Mühlenbau, Weinpressenschrauben, zu Rollen (Flaschenzügen) Schlägeln Stielen, Klavierhämmern, Gewindespindeln auch für Hobelbänke (quasi EisenErsatz), Kohlholz vorzüglicher Kraft, nur frisch geschlagen spaltbar, für feste (lebende) Verzäunungen auf erdigem Grund (dieser mit Kies vermischt), dichte Hainbuchenhecken, in denen sich (nicht nur) die römischen Legionäre verfingen, *Haga Zussa*: eine Zaunreiterin auf der Hecke, welche die Dimensionen trennt, auch als Autorin zwischen den Welten hockend (Anita Pichler 1948–1997)

Hollerauge (weiblich)

stellen Sie sich bitte einen wuchernden Garten oder ein kleines Wiesenstück vor, zur vollen Vegetationsperiode Anfang Juni, dessen Randzone von Hollerstauden bestanden ist und in dem sich Menschen zur Arbeit an den Rabatten oder zur Mußestunde aufhalten: auch wenn nicht alle Landschaftsdurchblicke rundherum mit Hollerbüschen besetzt sind, in näherer oder weiterer Entfernung, auch wenn nur dort und da ein paar **weiße Blütenteller** herein-, herauf- und herüberschauen, große wie kleine, prächtige wie mickrige, annähernd runde oder randzerfranste, bei Berührung blütensternchenregnend und im Luftzug sanft nickend, bevor sie zu grünen, zu röten und bald auch zu bläuen beginnen, was sich zuerst an den Stengeln bemerkbar macht und meist schneller vor sich geht, als es einem Liebhaber von Blütenduft, Hollersaft und Hollersekt sowie der in Weinteig gebackenen Hollerstrauben lieb sein kann (einen möglichen schwarzen Läusebefall an den Blütenstengelverzweigungen wird man aus dieser Entfernung kaum wahrnehmen können), auch wenn niemand die wildvegetabilen hochschießenden kräftiggrünen Maitriebe und die unschönen dürren Altzweige aus der Buschkugel herausgeschnitten hat (vom Tabu des HollerzweigeVerbrennens – und seien's die feinen markführenden Röhren oder die hartholzigen Grundstämme, die für Schwellen und Türgriffe gut wären – einmal ganz abgesehen), auch wenn keine Buben im KampfspielAlter nach geeigneten Zweigen wie grün-unreifen Beeren für eine BlasrohrAttacke Ausschau halten und dann das duftende Mark aus den künftigen Schießkanülen herauszuschaben versuchen, auch wenn die NaturAssistenten beiderlei Geschlechts es augenblicklich verabsäumt haben, beim Vorbeigehen an diesem oder jenem Hollerbusch **den Hut/die Hüte** zu **ziehen** und vornübergebeugt ihre Verehrungsformel zu murmeln, oder die es beim Vorbeifahren an diesen zu Bäumen beschnittenen Erntebüschen der Hollerplantagen an diversen Bahn- und Autostrecken (etwa in der Steiermark von Graz nordwärts nahe Frohnleiten) nicht wagen, in Begeisterungsrufe auszubrechen

auch wenn all dies geschieht oder verabsäumt wird, so weiß man den **guten Geist** (weiblich) doch Tag und Nacht unsichtbar zwischen den gar nicht so tragfähigen HollerbuschÄsten hocken und unfokussiert aus den Dolden oder sonstwo zwischen den gefiederten Blättern herausschauen, zum Himmel hinauf, mitten in die Sonne, zum Nachbarbusch hinüber und eben auch zu den Menschenfenstern hinein, und was bekommt es da zu sehen, dieses wohlwollende Hollerauge (weiblich):

es sieht zum Beispiel ein nicht mehr ganz junges Paar, das sich am Gartentisch ums Eck versetzt halb gegenübersitzt, das sich zwischenzeitlich bedächtig an den Händen hält und dabei die unterschiedlich straffe Haut an Arm- und Handrücken betrachtet, das wortlos über die Regenerationskraft des Menschenleibes und seiner Extremitäten nachsinnt, das an den vollständigen Zellenumbau bei ein und derselben Person in so und so vielen Jahren denkt, das die unbefragte Hautglätte der Jugend zurück zu imaginieren versucht, aber was hat es mit dieser blühenden Frische denn auf sich gehabt, die jahrelang so selbstverständlich gelebt wurde, und was bedeutet diese **leise Vergeblichkeit** einer damals zu früh und heute, wie es scheint, zu spät geschenkten Nähe nachts, schweigend, den ungewissen Fallgeräuschen aus den Baumkronen lauschend, dem gezirpten Hörteppich der Grillen hingegeben, jedem neuen monotonen Käuzchenruf mit einer unmerklichen Kopfseitwärtsbewegung ausweichend, die Tonpumpe der Nachtigall im eigenen Atem mitvollziehend, bevor sich diese zur expressiven Artikulationslinie aufschwingt (all das sollte man ja zu zweit nicht unbedingt auf sich wirken lassen, heißt es/wird empfohlen), einfach in die unbenannte Sternentiefe im jeanpaulschen Sinn (als ›Trost gegen die Erde‹) hinaufschauend oder untertags im Halbschatten, hollersafttrinkend, hollerrösteressend (Birnen und Zwetschken gehören da unbedingt hinein), in den gebackenen Hollerstrauben auf der Suche nach dem frischen Geschmack der Blütenteller stochernd, oder im prallen Sonnenlicht, hinter geschlossenen Lidern, bei gesenkten Häuptern und stecknadelkopfgroßen punktuellen Pupillen: so könnte sich der Geist aus dem **AllheilBusch** (weiblich) sein imaginiertes Menschenpaar gegenüber in den Garten oder Wiesenstreifen hineingezaubert vorstellen, als affizierte Entsprechung zu seinem eigenen Wachstumsdrang, als Projektionspunkt der vorsommerlichen Liebes- und Leibesenergien (orakelnd)

als Kinder haben wir bisweilen so manche Pflanzenwörter (wenn auch nicht die Gewächse selbst) verwechselt: Holler und Flieder, Holunder und Wacholder, als *sambuco* würde man später wohl nur die reife, geschmacklich quasi triefende Fruchtdolde verstanden haben, zuerst an Düften überreich und dann an Geschmäckern bald zu üppig, der Landwirt setzt den Strauch auch deshalb gern neben die Stalltür, weil der intensive Hollerduft die Fliegen anziehen soll, leider: die Rezepte der Großmütter (darin auch die Blätter eine Rolle spielten) kann man von diesen selbst jetzt nicht mehr erfragen, die **BlütenErnte** (wobei die Äste an Hakenstöcken ganz sanft herunterzuziehen wären) wird sich je nach Standort der Büsche bis zu **8 Wochen** hinziehen können, in den höhergelegenen schattigen Bergschluchten fände sich sogar Anfang Juli noch manch offener undichter Blütenteller, im Kübel samt Zitronen mit Wasser übergossen, in 48 Stunden hinreichend ausgelaugt, über die zuzusetzende Zuckermenge und den Grad der Erhitzung zum Haltbarmachen gehen die Meinungen und RezeptAnordnungen auseinander, von geplatzten hermetischen Flaschen und explodierenden Glasballons wird immer wieder berichtet, auch verträgt nicht jeder Verdauungstrakt die Schärfe der konservierenden Zitronensäure, nach Jahresfrist aber seien sowohl Saftvorräte wie der Inhalt von Sektbehältnissen gegen eine neue Befüllung auszutauschen, und der Zwergholunder (Attich als kräftiges Roßmittel, das früher auf keiner Ritterburg fehlen durfte) sowie der rote (Berg-)Holler wären eine eigene Untersuchung wert, wie die Stressforscher von St. Radegund den **Vulkanholler von St. Anna am Aigen** analysieren und testen (etwa den roten Farbstoff als wirksam gegen Arteriosklerose) und wie die Faistenauer, Hinterseer und Fuschler Bauern im Salzburger Land längst ein HollerGegenzentrum für ihren ›Almholler‹ errichtet haben (*bist a rechter Holler, red kan Holler*, also Flieder!, Unwahrheit, wertloses Zeug), heiliger Wegrandes, bitte für uns

soviel zu den schwebenden Blütentellern des Hollerbuschs und jetzt hinübergeschwenkt zu den bereits Fruchtfleisch ansetzenden Dirndln in Wildwuchs oder Jolico-Züchtung, denn während angesichts der vegetativen Hollerübermacht etwa diese erstaustreibenden hartriegeligen **Kornelkirschenbüsche** (am besten schmecken die *Dirndl* wohl winters in Form getrockneter saurer Fruchthälften aus dem Waldviertel) deutlich in den allgemeinen AufmerksamkeitsSchatten getreten sind, welcher ihnen als pannonien-heimisch sowieso nicht gut bekommt, aber sie haben doch ihr unbezweifelbares Zentrum im niederösterreichischen **Pielach**tal mit seinen sanften *Gegenden* und rauhen *Rotten* gefunden (sehr wohl: dessen Flüsse und Zuflüsse sind aus der Ferne nicht leicht auseinanderzuhalten oder gar exakt zu situieren: Ois/Ybbs [sprich: Ips], erst Erlauf, dann Pielach, Traisen und Gölsen), also: die der Pielach benachbarte **Traisen** muß samt ihren QuellÄsten, der Türnitzer Traisen (Richtung Annaberg) und der Unrecht Traisen (Richtung Gippel und Göller) ihrerseits erst auf eine assoziationsfest verwertbare und in der Folge speziell als ihr zugehörig empfundene Pflanzen- respektive Obstbaumart warten, auch Elsbeere und Speierling samt deren alkoholischen Zubereitungen wären diesbezüglich zu beachten

Holz (fallen Fälle)

aktuelle Frage: kann man bei der Holzarbeit im Wald zu zweit den vorgeschriebenen Abstand zueinander (von eineinhalb Metern) ohne weiteres einhalten, wie er uns auf Monate hinaus prophylaktisch aufgegeben ist, um die Tröpfcheninfektion via Aerosolen hintanzuhalten

prinzipiell ja: man kann einander im Nutzwald ausweichen, bei der Vor- und Nacharbeit sowieso, allerdings nicht in dem einen entscheidenden Fall, d. h. in denjenigen Fällen, die zum eigentlichen Fällen und also richtungsgewünschten Fallen der jeweiligen Stämme führen, eben zum intendierten Abholzen von losweise angezeichneten vertrockneten z. B. Kiefernstämmen im Genossenschaftsmischwald, welche schon im Jänner gemeinschaftlich angeplätzt, numeriert und auf gezogenen Nummernzetteln aus dem Hut vergeben wurden, mit der Auflage, sie spätestens bis 1. Mai aus dem dann bereits voll ergrünten Wald herausgeschafft zu haben, und wenn man ein halbwegs günstig gelegenes Los gezogen hat, von dem sich der Abtransport nicht schwierig gestalten würde, ist man auch eher motiviert, die bisweilen gefährliche Arbeit noch vorm vollen Säfteschub und Laubaustritt anzugehen, erstens sähe man dann noch besser durch die Kronenzone durch und zweitens könnten die umstehenden Laubbäume (Eichen, Hainbuchen, Wildkirschen) bei präziser Schlägerung besser geschont werden daß die hochstämmigen Kiefern unterschiedlicher Stammdicke in den letzten niederschlagsarmen Sommern reihenweise am Stamm vertrocknet sind und von Schädlingen befallen wurden, macht im Gegensatz zu früher ein jährliches Ausholzen notwendig, ja im steinigen flußtalnahen Gelände sind sonnseitig besonders viele alte Baumexemplare abgestorben und strecken jetzt oben ihre braunverdorrten Nadelwipfel starr in alle Richtungen, also 12–15 Exemplare pro Los (wird wohl an die 7 Festmeter ergeben) in unterschiedlich steilem Gelände sind jeweils mit keilförmigem **Kerbschnitt** zu versehen, und bei nicht ganz durchgehendem **Fällschnitt** gegenüber ist der Stamm dann entweder allein oder eben nahestehend zu zweit in die berechnete Fallrichtung zu drücken, was bei krummem Wuchs schon einige Kraftanstrengung und Einsatz beider Körpergewichte erfordert (›warte, ich schneide noch tiefer ein, Achtung jetzt kommt er, geh schnell zur Seite‹, und schon ist der nötige Abstand wieder hergestellt, Krach!)

vor einigen Jahren hat es gleich zu Beginn solcher WaldArbeit den befreundeten Helfer Fritz (sehr wohl in voller Ausrüstung: Helm, Visier, Kappenschuhe und schnittfester Anzug) erwischt, als über einem bereits liegenden Stamm ein zweiter im Fallen an einem nicht brechenden Eichenast abgefälscht wurde und anders als berechnet zu stürzen und liegen kam, dabei den Holzfäller mit dem dicken Ende wohl seitlich streifend und auch am ersten Stamm abrutschend so mächtig zur Seite schob, daß ihm das Schulterblatt, mehrere Rippen und 3 Wirbel gebrochen wurden, Hubschrauber, Operation und wie durch ein Wunder kommt Fritz ohne Querschnittlähmung davon, den Ärzten und dem Himmel über allen Baumkronen sei Dank jetzt heißt es, die Stämme samt umschlungener Kette mit Schlupfglied (Achtung auf die Ziehrichtung) am heruntergezogenen Drahtseil befestigen und Kommando zum Hinaufziehen in Richtung Traktorseilzug geben oder einen in den Nachbarwipfeln hängengebliebenen Stamm mittels ebensolchem Seilzug doch noch zu Fall und den nebenliegenden Bloch gleich mit zu den anderen Stämmen hinauf zu ziehen, anschließend wird auf ca. 4 m abgelängt und mittels Greifer an hydraulischem KranArm (FARMA CD8D, 20 Meter Auslage) auf den Rückewagen gehoben, zum nahen Lagerplatz gefahren (nicht zu zweit im Traktor sitzen, Polizei auf der Hauptstraße unten könnte abstrafen!), allein auf Meterprügel mit Kettensäge abgelängt, mittels mittelschwerem Holzspalter (15 t) an Zapfwelle am historischen KleinSteyr-Traktor aufrechtstehend unter Zureichen die Rundlinge gekloben und das Gespaltene bisweilen Drehwüchsige zum Trocknen auf Stoß gelegt (am besten mithilfe 3er Personen im Sicherheitsabstand), an den Enden des metrigen Stoßes kreuz und quer gelegt

bleibt im gehörigen Zeitabstand noch die konzentrierte KreissägenArbeit und den BrennholzStoß unter Dach zu schlichten, mit Lüftungsfenstern, bei zusätzlichem eventuellem Schmalhacken einzelner zu dicker Stücke: kommendes kühles Frühjahr, im Herbst und Winter dann allabendliches Einheizen und vor dem Ofen Sitzen

Holzbearbeitung (Lignoglossie)

(1) die aufeinandergesetzten Bäume der Zimmerung etwa für die Almhütten wurden mit sogenannten *Düppeln* untereinander befestigt, und für das Anzeichnen der Bohrlöcher, in welche die *Düppel* geschlagen wurden, verwendete man den *Düppelreißer*, man hielt ihn an den oberen Baum an und konnte mit dessen *Gsenkel* (Senkblei) beim unteren Baum die entsprechende Stelle ermitteln sowie für die Bohrung markieren

(2) der mächtige Handbohrer wird als *Neiger* bezeichnet und in Fulpmes im Tiroler Stubaital noch hergestellt, wobei man sich den Holzgriff dazu, der oben quer hineingesteckt wird, selber verfertigen muß

(3) die Eckverbindungen wurden auf zweierlei Art ausgeführt: erstens indem man die Rundhölzer dort, wo der nächste Stamm im rechten Winkel drauf zu sitzen kam, beiderseits halbrund ausnahm (*siniwellte*), was besonders bei Heustadeln und Viehunterständen (*Trempel, Scherm, Pfara*) zur Anwendung kam, oder zweitens indem man die Bäume zumindest an den Enden ein Stück herein gerade zuhackte und dann oben und unten rechteckig ausnahm (*schrettete*), so eine *Schret* oder *Schrot* wurde auch dort ausgeführt, wo die Zwischenwände bündig an die Außenwand stießen, wobei man an dieser Stelle die bemerkenswertesten Zierformen zu verfertigen keine Mühe scheute (Katzenköpfe, Glocken, Herzen etc.), die noch heute in dichtester Verbindung erscheinen

(4) die Spalten (*Klumsen*) zwischen den Bäumen wurden mit Moos (*Mias*) ausgestopft (*verschoppt*), ja man schnitt im Stoß eine lange gleichmäßige *Schopprecht* heraus

(5) für die einfacheren Bauten des luftigen Blockbaus tat's auch minderwertigeres, etwa drehwüchsiges Rundholz (*Walger*), die untersten *Schrotlichten* (Distanzen) zwischen den Bäumen wurden mit dünnen Holzstangen (*Mäusen/Mausstangen*) abgedichtet, die Einwurföffnung (*Lauchen*) fürs Heu ließ sich mit Brettern verkleinern, heute wird dieses Loch dort, wo man die Stadel noch stehenließ, bisweilen größer ausgeschnitten, damit die jetzt üblichen Rundballen (nach Friedrich Achleitner die unförmigen *Plotteggs*), die sonst allenthalben im Freien herumliegen, dort hinein und somit unter Dach geschafft werden können

(6) die aus Jungbäumen durch Stehenlassen seitlicher Aststumpen oder mittels lochgesteckter Querhölzer verfertigten *Hiefler/Hüfler/Huanza/Heinzen* sind oft außen an den Stadelwänden aufgehängt oder unter einem angebauten Pultdach schützend gelagert

(7) während Drahtstifte, Nägel und Drähte früher auf den Höfen als Mangelware galten, war dagegen Holz für *Zaun*, *Hag* und *Schräg* (die 3 mehr oder weniger dichten Formen der gekreuzten Holzgemarkungen) meist ausreichend vorhanden, *nachsinniges* Holz (in der Draufsicht rechtsdrehend) eignete sich zum Spalten für *Stecken* (meist aus Lärche) und *Girschten* (meist aus Fichte) besser als *widersinniges* (linksdrehend)

(8) mit dem sogenannten *Kreuzstecken* aus dem gesteckten Holzzaun konnte man auch, so man ihm unterwegs begegnete, den gefährlichen *Kaswurm* (Schickwurm) umdrehen (indem man mit der Steckenspitze vor dieser wandernden wurlenden

Masse auf den Boden 3 Kreuze zeichnete), so daß er zu seinem Ausgangspunkt (meist einer mißliebigen Sennerin, die sich aufs Hexen verstand) zurückkehren mußte, dort dann über die Türschwelle kroch und sich in den Räumen verteilte, wo er zumal die Vorräte (vor allem die Milch) verdarb, auf die anderen Gegenmaßnahmen in puncto Schadenzauber wie Rösten des Kaswurms in einer Pfanne (wonach dann diejenige Person, die ihn geschickt hatte, Brandwunden im Gesicht bekam) sei hier nicht weiter eingegangen

(9) vieles wäre etwa zur Kunst des Schindelmachens zu sagen und zu den Kenntnissen des Dachdeckens von *Schwardach* (Legschindeln aus leicht *widersinnigem* Fichtenholz) mit Steinen und *Schardach* (aus genagelten Lärchenschindeln), alles auf der *Hoanzlbank* und mit dem *Roafmesser* zugerichtet

(10) zu den weitläufigen Vorschriften von Mondphasen und Monddurchgang durch den Tierkreis (wie er im *Mandlkalender* verzeichnet ist) nur so viel, daß man nach Auskunft aus Vorarlberg selbst beim simplen Brennholzaufschlichten (bayuwarisch: *ZuawiEitern*) auf übergehenden Mond und Hornzeichen (etwa Steinbock) achten sollte, damit die *Scheiteln* rasch und anhaltend austrocknen

(11) um zumindest einen Punkt aus der umstrittenen Praxis ausländischer Holzverwertungsfirmen in Rumäniens Wäldern (zu denen auch der österreichische Holzkonzern HS Timber Group, vormals Holzindustrie Schweighofer Gruppe, gehört) nicht unerwähnt zu lassen: gelieferte Stammlängen werden, obwohl um sogenannte Kappstücke länger, als nominaler Standard ausgewiesen, eine gängige Industriepraxis der KürzerRechnung, wobei der geforderte, aber unbezahlte Überschuß in die Pellets- oder BrikettErzeugung geht

Huderpfanne Badewanne (Auerhahnbalz)

sollte man Gelegenheit haben, gegen Ende April zur Auerhahnbalz etwa in die Meranschen Reviere hinter Stainz in der Weststeiermark mitgenommen zu werden, mit engagierter Unterweisung in Jagdkunde und Wildbiologie, dann wird man oben in den Hügeln wieder am *Höllerhansl* (der Ordination des ehemaligen Urinschau-Naturdoktors), aber auch an dauerhaften und ephemeren Tafeln wie: *Erweitertes Quellschutzgebiet* oder: *It's a boy* (als freudige-Ereignis-Ankündigung) und an den vielen Hinweisschildern *Zum Absetzwirt* am Rosenkogel vorbeikommen (alle Wanderwege scheinen dorthin zu führen oder alle Wanderer sollen wohl dorthin zu diesem einen Wirt zum Absetzen geführt werden), und man wird nach vorabendlichem Erkundungsgang (die Hahnen sitzen ja schon nachts um die Balzplätze in den Bäumen), nach kurzem Schlaf in der Jagdhütte (in der weder das Fenster noch die *Schasluckn* geöffnet wird) und nach Aufbruch in Überkleidung um 3 Uhr früh bei völliger Dunkelheit, d. h. dann doch bei zartem Mondenschimmer (durch die licht stehenden hohen Nadelbäume auf Forststraße und beerkrautbestandenen Waldboden ausgegossen), also man wird mit dem Stegelstecken als drittem Bein vorausstochernd den Beobachtungsschirm zur Deckung erreicht haben und ihn als geräumigen Unterstand sowie so geräuschlos wie möglich beziehen, um dort mucksmäuschenstill auf die ersten verdächtigen Laute (da oben zieht ein Reh durch) aus der unmittelbaren Umgebung zu warten (etwaiges Einnicken kommt bei der gesteigerten Höranspannung nicht in Frage), doch was man als *greenhorn* für ein Mopedgeräusch im fernen Wohngebiet draußen hält, wird von der erfahrenen Fachfrau (der begleitenden Wildbiologin) gleich so kommentiert: der S-Hahn drunten hat schon seine ganze Strophe vollendet (und flugs wird ein Kartierungsblatt mit den Reviergrenzen der einzelnen Hahnen herausgezogen und beim Schimmer des Handy-Displays die entsprechende Eintragung gemacht)

zu früh im Jahr sollte man nicht dran sein, heißt es unter Kennern, denn das Balzgeschehen ziehe sich über Wochen hin und die Begattung der Hennen (TretAkt genannt, ausschließlich durch den also polygamen A-Hahn) finde erst nach gehöriger Vorbereitung statt, was der volkstümliche Merkvers so ausdrückt: *schießt du den Hahn vor St. Georgen* (23. April), *kannst du das Treten der Hennen selbst besorgen*

was die einzelnen soll man sagen KurzVerse der Strophe des balzenden Hahns anbetrifft, werden 4 Teile im Balzlied unterschieden (Knappen, Triller, Hauptschlag, Schleifen), und nur beim sogenannten Wetzen oder Schleifen hört der Hahn nichts anderes außer sich selbst (in sogenannter BalzTaubheit) und er könnte angesprungen werden, allerdings dauert dieses Sensenwetzen nur 3 Sekunden kurz und der Sehsinn des Vogels ist dabei nicht beeinträchtigt, auch wenn der Hahn den Schnabel (Brocker) hochwirft und also mangelhaft hinuntersieht, auf Greifnähe heranzukommen scheint eine Wunschvorstellung so manchen Naturbeobachters zu sein, zumal wenn er in der Wirtsstube das verrauchte Stopfexemplar hoch oben auch nicht wirklich genau anzuschauen Gelegenheit hatte, oder wenn ihm gar der Gedanke durch den Kopf schösse, er könnte sich von den roten Rosen über den Augen des Auerhahns etwas Farbe auf den Handrücken abreiben, auch hielte man den Kandidaten dann zur besseren Altersbestimmung gar in der Hand und könnte nachschauen, ob er als Jungtier etwa noch diese Ausstülpung (*bursa Fabricii*) in der Kloake aufzuweisen hat, welche ja auch bei beiden Geschlechtern Sexualorgan ist (von der Vorstellung einer Kloakentheorie, was die Befruchtung angeht, hat man auch schon aus den Köpfen von Menschenkindern gehört), hier aber geht es um die Altersfeststellung, ja so ist das eben: im Gegensatz zu den Säugern/Hominiden erscheinen die ausgewachsenen Vögel äußerlich auf die Entfernung hin gesehen ziemlich alterslos, also auch nicht wirklich gealtert

bei Tageslicht könnte man sich dann weiter unten die idealen Vorbedingungen für die Brut (sie dauert 26–28 Tage) anschauen (Frage: welche Lebensraumrequisiten müssen überhaupt vorhanden sein, damit sich das Auerhuhn wohlfühlt), nämlich für die Henne eine Huderpfanne (als Kuhle in einem umgeworfenen Wurzelstock, in der man auch Brutlosung finden kann) und einen nahen Ameisenhaufen als Nahrungsquelle für die Küken, diese brauchen nämlich tierisches Eiweiß, um schneller zu wachsen (sie sind geschlüpft nach 24 Stunden nestflüchtig, nach 10 Tagen flugfähig), sowie hochmoorige Feuchtstellen, damit auch Mücken und Larven als Futter zur Verfügung stehen, unverzichtbar für die Verdauung der Alttiere seien weiters harte Magensteine (Weidkörner, aus sandigen Stellen aufgenommen), ohne deren Mahleffekt die harten Pflanzenzellen (etwa Baumnadeln) im Muskelmagen von Henne und Hahn nicht zerrieben werden können, mögliche anthropogene Gefahrenquellen für die einfliegenden Auerhühner wären Seile oder Kabel im Wipfelbereich und solche sind hier nicht vorhanden

overdressed wirken diese balzenden Hahnen, zumal wenn sie zu zweit, sich gegenseitig nicht aus den Augen lassend und bisweilen mit vorgestrecktem Stingel aufeinander loshackend, ihr Demonstrations- und Vertreibungsritual aufführen, innerhalb der relativ engen territorialen Demarkationslinien, mit je einem weißen Spiegel am rechten und linken Flügelbug, mit metallisch blaugrünem Brustfleck und schwarzem geschlossenem Stoß wie Renaissancefürsten bedächtig dahinstolzierend (durch das frischgrüne Heidelbeerlaub quasi dahinrollend, wobei man die einzelnen Hahnen in etwa an der Federnsprenkelung auseinanderkennt) und den kleinen Stoß (das Nesterl) unten hinter den Schaufeln (so werden die 18–24 Oberstoßfedern genannt) gesträubt zeigend, detto den schwarzen Kehlbart (wie man es durchs Fernglas deutlich sieht)

sobald eine Henne am Balzplatz erschienen ist, das heißt am Boden einfällt (da könnte doch eben eine weggestrichen sein, ohne daß man sie jetzt irgendwo in Hahnennähe ausmachen würde, vielleicht ist sie nur spielerisch ausgewichen, um sich am nächsten Balzmorgen schon etwas deutlicher anzunähern, nach einzwei Wochen gar gattungsbereit), dann soll der Adrenalinspiegel des Hahns (aus der Losung gemessen) einigermaßen ansteigen, doch jetzt haben sich auch die prächtigen Theaterkostümträger mit einemmal in die nahen Dickungen verrollt und man schaut zum anderen unterkühlten Vogelbeobachter (mit den wolligen AufnahmeMikrophonen neben seinem Hochsitz) hinüber und schickt vielleicht allen Beteiligten (auch dem Forstmann und Jäger außer Sichtweite in seinem gut getarnten Zelt) per Handtelefon eine Kurznachricht, daß man jetzt nach etwa 5 Stunden die Unternehmung abbrechen und (wenn's recht ist) zu einer Morgenstärkung ins Jagdhaus *Kogelschilling* absteigen könnte, selbstverständlich noch immer darauf achtend, etwelche verborgene Hühnervögel oder anderes Wild nicht zu vergrämen, auf die Beobachtung einer möglichen Sonnenbalz allerdings scheint heute niemand mehr wirklich erpicht

Hulzögger Aichinger Bloch

Ilse Aichinger (1921–2016) logierte/lebte von 1963 bis 1984, also gut 20 Jahre (mit Günter Eich †1972, mit Sohn Clemens †1998 und Tochter Mirjam, zuletzt auch noch mit der Mutter), in der (jetzigen) Villa Cioppi-Puhr in der Plainbergstraße 105 im Salzburger Grenz- und Nobelort Großgmain am Fuß des sagenhaften endzeitlichen Untersbergs (mit Kontakten vor Ort u. a. zu Robert Pflanzl, Fritz Schwärz und Brita Steinwendtner, rare Super-8-Filmaufnahmen der Autorin selbst aus dem Großgmainer Garten sind u. a. in den Film: *Wo ich wohne* von Christine Nagel, Österreich 2013, eingearbeitet), 1984 ging sie für 4 Jahre nach Frankfurt zum Fischer Verlag, wo 1987 ihr Essayband *Kleist Moos Fasane* (mit Erinnerungen, Aufzeichnungen und Reden) erschien, darin auch der Wiedergänger-Text *In das Land Salzburg ziehen* (ersterschienen im ›Salzburger Jahr‹ 1982/83), 1988 kehrte sie in ihre Geburtsstadt Wien zurück, wo ihr Herausgeber und Partner Richard Reichensperger 2004 auf ähnlich tragische Weise durch Treppensturz wie 6 Jahre zuvor ihr Sohn Clemens ums Leben kommen sollte/gekommen ist

in dem 4-Seiten-Text *In das Land Salzburg ziehen* schildert sie eine neue Variante in der Praxis des Buchstechens, eines Weissagungsvorgangs, bei dem zu biographischen Wendepunkten an beliebiger Stelle ein Buch aufgeschlagen und auf einen Satz/eine Stelle mit dem Finger hingezeigt wird, bei Aichinger handelt es sich um ein auf einem großen Haufen Übersiedlungsgut zuoberst liegendes Exemplar von Ernst Blochs

Spuren (alles in allem ein Buch vom wunderlichen Zufall aus dem Entstehungszeitraum von 1910–1929, mit dem gegen Ende des 220-Seiten-Bandes stehenden Text *Der Berg*, Zweitveröffentlichung 1959 in der Bibliothek Suhrkamp), erschienen vier Jahre vor Aichingers Übersiedlung an den Fuß dieses Berges, von dem Ernst Blochs Kurzniederschrift einer dort kursierenden Sage um den verstummten erzbischöflichen Jäger Hulzögger handelt

fährt man heute mit einem Bus der Linie 180 vom Salzburger Hauptbahnhof nach Bad Reichenhall im Bayrischen, kommt man nach der Station Walserberg-Berg (nahe dem geschichtsträchtigen AutobahnGrenzübergang ins Gemeindegebiet von Großgmain) und nach der jüngst geschlossenen JausenStation Wartberg (wie das meiste dort mayr-melnhofscher Besitz), nach dem ambitionierten Weinanbaugebiet beim Reiterhaindlgut der Marianne Witzko und dem vielbesuchten Freilichtmuseum zur kaum frequentierten Busstation Holzegg, bevor man über Steinerwirt, Hinterreit, Rehazentrum und Kendler zur Station Lindenplatz (vor der eigentlichen Ortsmitte von Großgmain) gelangt, wo es aussteigen heißt und von wo man links hinauf zur besagten Mietvilla trippelt, in der die bereits 42-jährige Ilse Aichinger soeben in Ernst Blochs *Spuren* die brillant kurze Nacherzählung vom Jäger Michael Hulzögger aus dem Jahr 1738 liest, über welche VolksbuchLektüre sie als Neuankömmlingin zuerst eingeschlafen und dann nie mehr eingeschlafen ist, ja vielleicht sogar das Lesen wiederentdeckt hat, wie man sie sagen hört

aus dem Inneren des sagenhaften Berges zu seinem eigenen Requiem in der Wallfahrtskirche Großgmain überraschend zurückgekehrt (wo dann im 20. Jhd. für etliche Jahre der weltoffene Pfarrer und Interpret des Heidelberger Schicksalsbuchs Herbert Schmatzberger tätig sein wird, auch dessen Tiermessen waren nicht unumstritten), aus dem Inneren zurückgekehrt also schweigt der erzbischöfliche Jäger über seine Erlebnisse im eschatologischen Löcherberg felsenfest, sogar vor dem Erzbischof und Dienstherrn Firmian, der ihn rufen läßt (denn die Jagd war damals erzbischöflich): er dürfe und könne nichts anderes sagen, als was schon bei Lazarus Gitschner 1529 über die Verbindungsstollen unter dem Königsee und über den Kaiser Friedrich (in anderer Variante über den Kaiser Karl, der mit seinem ums Tischbein geschlungenen Bart im Berginneren auf die Weltuntergangsschlacht am Walserfeld warte) geschrieben steht, nach dieser quasi-Beichte legt der Erzbischof sein Hirtenamt nieder und schweigt selbst bis ans Ende (Zitat:) ›das ist beiden bald gekommen. Es soll friedlich gewesen sein‹

den Bischof Firmian trifft die Dichterin Aichinger nicht mehr, den Wiedergänger Hulzögger sehr wohl immer wieder, zwischen den Kohlköpfen auf den Feldern, an den jüngsten und hellsten Vormittagen in dieser Landschaft der Hellsichtigkeit und des Nichtwissenwollens, wo kaum jemand aufrichtig grüßt und die Kinder auf Abkürzungen nachhause kommen, ›weil sie vielleicht zum erstenmal wissen, daß es nie mehr so sein wird‹, kurz vor dem hellsten Tag des Jüngsten Gerichts

Ernst Blochs Spurensammlung führt uns spurenlesend auf eine Vielzahl von Fährten, ob wir nun eine verlorene Perle finden, sobald wir nicht mehr nach ihr suchen, oder ob wir für etwas Bestimmtes ein Mittel anwenden, damit es nicht gesehen wird, indem wir auf das offensichtlich zu Erwartende ablenken, wie es z. B. die Pariser Belagerten von 1871 praktizierten, indem sie einen echten Festungsplan von Orléans (damals von den Preußen noch nicht eingenommen) sichtbar inmitten des Invalidendoms einmauerten und das Bild der Mona Lisa, das aus dem Louvre dorthin gebracht worden war, dafür unscheinbar unter anderem Gerümpel verkehrt an die Wand lehnten und damit gerettet haben (*Mittel, nicht gesehen zu werden*), Ilse Aichingers Prosa scheint voll von solchen sogenannten falschen-Fährten-Ablenk-Strategien zu sein, die es zu bedenken gilt

iterative Itinerare (Natur Kultur)

und wieder gehen wir in die Landschaft hinaus, in diese KulturNatur (wie sie gemacht wurde und wird), hinein in die unberührte oder neu entstehende NaturNatur (von der wir meinen, daß sie von selbst so und so geworden ist und sich selbst überlassen werden sollte), und wir suchen diese Landschaften auch als Nichtfachleute (Amateure/Liebhaberinnen) wahrzunehmen, mit den geliehenen Blicken von interessegeleiteten Experten (soweit es geht), mit deren speziell fokussiertem Sensorium und deren ein- und ausschließenden Nomenklaturen, wir gehen etwa als Morphologen, Geologen, Hydrologen, Klimaforscher, Biologen allgemein, Entomologen speziell, als etymologienversessene Namenskundler, als Landschaftsmaler, Fotografen, Akustiker, Esoteriker, Touristiker, Prozessionsteilnehmer, Immobilienspezialisten, Straßenbauer, Sportsleute, Vereinsangehörige, Land- und Forstwirte, Jäger etc. ins Gelände hinaus, jeder mit seiner mehr oder minder randscharfen Begrifflichkeit als geistigem und juristischem Geländer, also wir würden am liebsten in vielfältigen semantischen Anläufen als eine Art Umgebungs-Allrounder auftreten und vorgehen, um uns (vielleicht Schritt für Schritt oder auch im drohnenhaften Darübergleiten) unserer außerstädtischen Lebenswelt und ihrer Zukunftsperspektiven zu vergewissern

jaja: den Vorverweis auf emotionale Höhepunkte in Gipfelaussichten, gedehnten Plateaus, Schluchtendurchquerungen und Glücksgruben oder im Walddickicht tragen wir schon mit in unserem somatischen Gepäck, auf unserem Kurs/Lauf, auf unseren Exkursen in Abzweigungen und Abschneidern und Exkursionen (wörtlich: Heraus-Läufen), unbegleitet oder unter spezialisierter Anleitung aus Büchern, Schautafeln, Erklärungen lokaler Guides und von NationalparkRangern, eben: das Bedürfnis nach Lesen in der Landschaft ist stets vorhanden und angesichts der Überfülle des Gebotenen unstillbar, beginnend bei den Tücken der Topographie und ihren mentalen wie medialen Umsetzungen, gewiß: trostlos macht uns die ins Leere zu vergrößernde Zeichnungsdarstellung von Google Earth, und wir schalten alsbald realitätssüchtig auf die (anders enttäuschende) Realansicht der Satellitenfotos um (macht nichts, daß der AlmhüttenNeubau darauf noch nicht zu sehen ist), und selbstverständlich ist unsere Vorstellung des Landschaftsraums weder flächendeckend noch detailexakt (das macht sich bei manch einer Neubegehung zur Überraschung der vermeintlichen Kenner bemerkbar, etwa bei Grenzbegehungen im Gebirg), geschlechtsspezifische Unterschiede (ob genuin oder angelernt) in Sachen Orientierung und Wiedererkennen von eigentlich bekannt sein Müssendem stellen wir außer Diskussion, nur so viel: selbst die erfahrensten männlichen Schafsucher im Kalkplateaugelände haben sich bei Neuschneelage schon insoweit verirrt, als sie unvermittelt wieder vor ihren eigenen Spuren gestanden sind und diese sicherheitshalber retour bis zum Ausgangspunkt zurückzugehen sich veranlaßt sahen (also ihr eigentliches Ziel nicht erreicht haben), wobei in diesem Zusammenhang auf den enormen Orientierungssinn von Weidevieh hingewiesen werden könnte, das auf jeden Fall in der Route des eigenen Hinwegs zurückgeht, auch wenn man als vorauslaufender Hirt erleichternde Abkürzungen ein- und also vorschlägt, nun gut: am Rauhen Kamm des östlichen Ötscheranstiegs kann man sich nicht verirren, bergab sollte man dort vielleicht auch nicht zum erstenmal mit bergunerfahrenen Kindern gehen, sonst sind diese etwa für ihr weiteres BergsteigerinnenLeben negativ imprägniert, und am Schneealpenplateau kann es schon vorkommen, daß man im dichten Nebel von der Lurgbauerhütte nach Norden weggeht und in Kürze sogar mehrmals wieder zu ebendieser Hütte zurückkommt (jetzt trau ich mich nicht mehr hinein, um zum drittenmal zu fragen, wie's weitergeht), als Rechtshänder immer wieder nach rechts ausgewichen oder aus Angst vor rechtsseitig vermuteten Abstürzen schließlich im Kreis gegen den Uhrzeigersinn gedreht, auch die Herbststürme auf den Aflenzer Staritzen und am Hochschwabplateau mit ihren/seinen Rauhreif-Eisnadeln am spärlichen Dürrbewuchs könnten eine/n im Bewußtsein der Kammverläufe und Abstiegsmöglichkeiten (gar hinunter in die sagenhaften 3 Ringe der Nordseite) irremachen, und mit solchen nahen Beispielen sind wir schon mittendrin in der Problematik der Landschaftsauffassung von Ort, Örtlichkeit und Verortung, von Kunde, Erkundung und Kundschaft, ganz zu schweigen von Darstellung in Bild und Wort (der in diesem Zusammenhang zitierte Geognost Friedrich Simony wäre da ja ein historischer und auch historisch bedingter Anhalts- und Ausgangspunkt zur Weiterentwicklung, weiß nicht, ob das Diktum: jung sei die Zirbe linksdrehend, im vorgerückten Alter rechtsdrehend, ihm tatsächlich zuzuschreiben ist)

ja wir könnten als Landschaftsbewohner **iterative Itinerare** durch (offensichtliche) Übergangszonen und (fragmentierte) Panoramen vorbei an Restmodulen anlegen, das meint: sich nur scheinbar wiederholende Wegbeschreibungen, um der eigenen Ungewißheit Halt mit einer nachzuvollziehenden verbalen und bilddokumentarischen Form zu geben, wobei alle genannten Beschreibungs- und AnalyseModi Anwendung fänden, und dann ist man gewiß von solchen Anstrengungen einigermaßen durchgeschüttelt und wäre vielleicht zu personentranszendierenden Aneignungsstrategien vor Ort bereit, indem sich eine/r etwa in dieses Felsstück *in situ*, in diese Schutthalde und diese Bachgumpe oder Baumgruppe quasi verliebte (also in einer affizierten Landschaftseinzelheit aufginge/aufgeht, verschwände wäre zu viel gesagt), im Innersten angerührt etwa durch bildgeronnene Blicke in die Begleithänge der Ötschergräben (mit den Vermutungen eines nie begangenen Darüber) oder durch urplötzliche Einblicke in die unaufgeräumten Eichenstangen- und HainbuchenForste der steilen Flußuferflanken einer Kampschlinge (bannwaldaffin) oder in die Kaskaden der Myrafälle, oder in die geheimen Abseiten der Mostviertler Voralpen, gesteigert bis hin zu andeutungsweise epithalamischen Orgasmusfantasien <u>an</u> den kieferndufenden Trockenkämmen <u>in</u> den weglosen Partien der Ostuferbegleithänge des Süd-Nord-WachauDonaudurchbruches, vielleicht in einem ähnlich gesteigerten unverantwortlichen Zustand, wie er außerhalb der Wanderlust sonst nur bei Zehrungen nach Begräbnissen oder an HochzeitsBanketten vorkommt, die eine Unmittelbarkeitsausschüttung auf vielversprechende Zukünfte hin mit bisher unbekannten Personen quasi als künstlerische Überlebens-Akte zu provozieren vermögen, man könnte in diesem Zusammenhang auch warnende Stimmen dergestalt vernehmen: wenn Sie in Ihrer Aneignungswut so weitermachen, werden Sie eines Tages in der Landschaft aufgegangen sein, nämlich nach so vielen eskapistischen Umarmungsphantasien und energetischem Feld- und Gitterlinienwahn, bis hin zu den auraverstärkenden ZwieselwuchsStämmen an den Leopoldsberghängen und zu den unbetafelten Kalklehrpfaden am Hundsheimer Hexenberg mit seinem Weidekuschelgelände, auf Liegeplätzen im Trockenrasen (dieser auf der Kuppe bis unter die schattenspendenden Büsche heranrasiert), bei gedämpft bukolischem Ziegenschellenscheppern, oder auf den Ablagerungsterrassen des ursprünglichen Donauverlaufs im Bogen durchs Waldviertler Weitental, mag sein auch auf klandestinen Plätzen in der Schwarzenbachgegend nahe Annaberg oder an der hintersten UnrechtTraisen (um im größten Bundesland mit der meisten Gegend zu bleiben), vielleicht aber auch in dem »Paläotraun« genannten trockenen Schlauchflußbett der dendritisch verzweigten Obertrauner Mammuthöhle, sichtbar gemacht im abtastenden Scheinwerferlichtkegel als speläologische DarmAnatomie/Analogie

an diesem Punkt des gesteigerten Affekthaushalts im Akt des Landschaftsverschlingens ist es vielleicht angebracht, solche Exaltiertheit wieder qua Aufruf randscharfer Begrifflichkeiten zu Natur und Kultur herunterzuschrauben, mittels nominalistischer Exerzitien nämlich, in lexikalischen Vergewisserungskaskaden, durch Anhäufung von themenbezogenem Sprachschutt, in dessen Hangschräge man drei Schritt vor/zwei Schritt zurück faszienfordernd wie muskelkrampfgefährdet empor- oder abzusteigen versucht:

Figur
Redefigur
Kieselgur (hochporöses Kieselalgensediment)
Augur
Schur
Schafschur
Broschur
Kur
Flur
Silur (3. geologisches System des Paläozoikums, vor 444 Millionen Jahren, ein nordatlantischer Kontinent verband damals Amerika und Europa)

Schnur
Tambour
Jour
ajour
Tour Bergtour Spritztour
Spur
Lasur
Glasur
Rasur
Zäsur
Frisur
Zensur
Tonsur
Professur
Blessur
Dressur
Fissur
Miniatur
Judikatur
Applikatur
Stukkatur
Nomenklatur (Andesit, Anhydrit, Basalt, Brekzie, Calcit, Cordierit, Diorit, Feldspat, Gabbro, Gneis, Granat, Granit usw.)
Makulatur
Muskulatur
Bauchmuskulatur
Armmuskulatur
Beinmuskulatur
Fingermuskulatur
Kaumuskulatur (wird alles beim Gang durchs Gelände aktiviert)
Titulatur
Imprimatur
Armatur

NATUR

Pferdenatur
Ausnahmenatur
Signatur Kontrasignatur
Froschnatur
Frohnatur
Menschennatur
Bärennatur
Unnatur
Verbrechernatur
Künstlernatur
Abenteurernatur
Wolfsnatur (kommt kompetent zur Sprache)
Naturalist
Naturbad
Naturbegeisterung
Naturbeobachtung
Naturbeschreibung
Naturbetrachtung
Naturblume
Naturdichter
Naturell (glückliches, angeborenes)
Naturempfindung
Naturerzeugnis
Naturforscher
Naturfreund
Naturfreunde (Berg frei!)
Naturgeist
Naturgenuß
Naturgeschichte
Naturgesetz
naturgetreu

Naturgewalt
Naturgötter
Naturheilkunde
Naturkind
Naturkostladen
Naturkreislauf
Naturkunde
natürlich
Naturmensch
Naturnachahmung (griechischer Maler Apelles, der Kirschen so lebensecht gemalt hat, daß die Vögel …)
Naturphilosophie
Naturpoesie
Naturrecht
Naturreligion
Naturschauspiel
Naturschilderung (nature writing)
Naturschönheit (marktfähig gemacht)
Natursekt (im pornographischen Diskurs)
Naturstimme/Unstimme
Naturstudien (im Adalbert-Stifter- oder Peter-Rosegger-Jahr)
Naturtöne (aus Alphorn und Didgeridoo)
Naturvölker
Naturwissenschaften
Naturzustand

Reparatur
Apparatur
Quadratur (des Kreises)
Temperatur (gemessene und gefühlte)
Literatur (Fach- und schöne Literatur)
Registratur
Statur Tastatur

Abitur
Garnitur
Positur Expositur
Faktur Manufaktur
Fraktur Schädelfraktur
Korrektur
Tektur Architektur
Schranktür
Tinktur Arnikatinktur Jodtinktur
Konjunktur Hochkonjunktur
Struktur
Pendeltür
Flügeltür
Falltür

KULTUR

Sprechkultur
Rindenkultur (für Käselaib)
Reinkultur
Unkultur
Säuerungskultur (für Milch in der Käserei)
Leitkultur (als möglicherweise entbehrlicher Begriff)
Kulturanthropologie
Kulturbolschewismus
Kulturbringer (Prometheus, Dionysos)
Kulturerbe (siehe Weltkulturerbe)
Kulturflüchter
Kulturfolger
Kulturgeschichte
Kulturgut
Kulturhoheit
Kulturkampf

Kulturkritik
Kulturlandschaft
Kulturpessimismus
Kulturpflanzen (etwa die 3 Schwestern: Mais Stangenbohne Kürbis)
Kulturpolitik
Kulturrevolution
Kulturtechnik (vom Nilschlamm bis zum Rinterzelt)
Kulturwandel
Kulturwissenschaften
Kulturzyklentheorie (Giambattista Vico, Benedetto Croce, Oswald Spengler)

Geheimtür
Agentur
Inventur
Montur
Tortur
stur
Futur
Textur
Mixtur
Gravur
Schwur
Treueschwur
Liebesschwur
Azur
Zephyr
Porphyr
Satyr

Kaiserbuche (Haunsberg)

wohl wahr: Witterung und Vandalen meinten es nicht gut mit der weithin sichtbaren Kaiserbuche am Haunsberg bei Obertrum nördlich von Salzburg, auf deren Anblick sich manch WestautobahnFahrer auf der Höhe Seekirchen in Fahrtrichtung Salzburg gefreut haben mag, jetzt klafft dort am Horizont nur mehr die Leerstelle gegen den Himmel neben Gasthaus und Kapelle sowie Denkmalstein: nachdem der Sturm diese geschichtsträchtige, mächtige und immer wieder baumchirurgisch sanierte, schon von unten weg stark verzweigte Buche, in deren stammdicken Ästen man als Kind trotz Verbot liebend gern herumgeturnt war, im Jahr 2005 dann doch umgeworfen hat, wobei das Holz in der Folge scheibchenweise als Andenken an Liebhaber verkauft worden war, zerstörten neuerdings mutwillige Übermütige und Destruktionswütige (›wenn schon wir dauernd benachteiligt und niedergedrückt werden, soll auch dieses Pflänzchen nicht hochkommen, und seinen rückwärtsgewandten Hintermännern gehört sowieso eins ausgewischt‹) im Februar 2008 den 3 Jahre zuvor nach dem Sturmbruch bald nachgepflanzten und gut entwickelten jetzigen Jungbaum, ›schade drum‹, sagt der geschäftsführende Obmann des Kaiser-Franz-Joseph-Jubiläumsvereins, Roman Stubhann, und jetzt wird überlegt, ob das malträtierte Bäumchen sich noch erholen kann und dementsprechend entwickeln wird oder ob sicherheitshalber eine Neupflanzung vorgenommen werden muß eine schöne Aussicht hat man schon von dieser sanften Erhebung des Alpenvorlands, wo dereinst auch der Halbmensch und **Wilde Mann vom Haunsberg** gefunden und in die Stadt zur öffentlichen Schaustellung transportiert wurde (siehe SteinskulpturReplik an der Kirchenmauer von Anthering gegenüber dem Traditions- und Theater-Gasthof Vogl), sowohl die teils bizarren Höhen um die Salzkammergutseen wie in der Osterhorngruppe als auch bei klarer Sicht die Felsmassen der Nördlichen Kalkalpen mit den Gletscherflecken der DachsteinNordseite bieten sich von dort dem panoramatisch streifenden Auge dar und letztere könnten in manchem Betrachter die Sehnsucht nach der Hochgebirgsluft des kalkholden Zirben/Lärchen-Walds dort oben wecken, dennoch scheint dieses waldfreie Stück auf dem langgezogenen Riedel zwischen Salzach und den drei Trumer Seen (Obertrumer-, Niedertrumer- und Grabensee) kein rundum glücklicher Ort zu sein: nicht nur in Anbetracht des düsteren Waldhintergrunds mit Observatorium, auch im Gedenken an den lebensmüden (ehemaligen) Wirt des bis weit ins Bayrische hinein beliebten Ausflugsgasthauses *Zur* (jetzt ehemaligen) *Kaiserbuche* will hier in Parkplatznähe keine ungetrübte Freude aufkommen, ganz im Gegensatz zur nordwestseitigen Kirchenburg St. Pankraz unten im **Gschlößl**, von wo aus sich in kleinem aber feinem Rahmen der sonnensinkende Abendblick in den Rupertiwinkel hinein auftut, ganz im Bewußtsein der Tatsache, daß sich von hier aus nach Norden bis zur Meeresküste (also Richtung Nord- und Ostsee) über eine Distanz von knapp 1000 km keine bedeutende Bergeshöhe mehr erhebt, so flach ist dieser transalpine, oder soll man sagen cisalpine Teil Europas

Kastanie Keschtn

in der Bezeichnung **Käste, Kästen** (dem alten Namen der Frucht und des Baumes in Süddeutschland) erscheint das lateinische Fremdwort Kastanie in möglichst heimische Form gekleidet

wir wöllen zechen bei der glut,
darzu sind kitten und kästen gut (so reimt der Satiriker und Rabelaisübersetzer Johann Fischart)

herren stellen oft einen diener an, wie der aff die katz, daß sie mit den pfoten die gebratene keste aus dem feuer muß scharren (behauptet ein altes Lexikon)

Chamisso dichtet etwas eilig: *du schleichst zu nacht aus des schlosses raum*
und stellst dich ein beim kestenbaum

Hildegard von Bingen bietet (600 Jahre früher) ein Rezept für einen Trank aus KastanienBlättern und Rinde gegen Viehseuche

im Tessin, wo heute jeder 5. Baum eine Kastanie ist, obwohl sie kein Tessiner Baum ist, sondern aus dem Kaukasus stammt, und wo man den Baum gar nicht *castagno* nannte, sondern einfach *albero*, unterscheidet man bei der Anbauweise 2 Formen:
1. die SELVA beweidet, menschengepflegt und beschnitten, für Bauholz, Brennholz, Laub und vor allem Früchte

und 2. den Niederwald (PALINA) mit sehr kurzen Umtriebszeiten, auf der andere Sorten des Baumes stehen, dort wurden die Stämme so tief unten abgeschnitten, daß beim Strunk bis zu 30 Triebe herausschossen, die in 1 Jahr bis zu 3 m hoch wurden, im Niederwald erfolgt die Holznutzung nach Stockausschlag alle 6–30 Jahre, je nach gewünschter Stangenstärke, oft sind solche Bestände auch aufgegeben und wachsen aus

– im Tessin wurde die Kastanie als Hauptnahrungsmittel Mitte des 19. Jhds. durch billigeren Mais, Reis und Erdäpfel verdrängt, viele alte Bäume hat man gefällt und verheizt, dadurch gab es einen Bruch im 2000-jährigen Erscheinungsbild der dortigen Kastanienwälder
– die Kastanienernte etwa im verwunschenen Valle di Muggio ganz im Süden des Kantons begann immer an San Michele (29.9.), wobei man zuerst die Schafe und Ziegen aus den Selven trieb und an steilen Stellen kleine Zäune errichtete, damit die Früchte, die für die Familie das Überleben im Winter bedeuteten, nicht talwärts rollten, man benützte Rechen, Stecken, Zangen, Schutzhandschuhe, um die Igel zu öffnen
– der Boden gehörte der Allgemeinheit und jeder Bürger der Gemeinde durfte darauf Kastanien pflanzen, die er allein pflegte und nutzte, nach dem *ius platandi* der alten Römer, welche die Kastanie an den Südsockel der Alpen gebracht hatten, die Menschen im Tessin kannten Dutzende von Kastaniensorten, die frühreifen und die spätreifen (die in geschlossener Hülle abfielen), dann solche, die schnell gegessen werden mußten, und andere, die sich zur Lagerung eigneten, man hatte für sie dafür seltsame Namen gefunden: la Tempuriva, i Magree, i Fügescee, i Uriciöll, i San Martin, letztere fielen als letzte ins Laub hinab, ihrem Namen entsprechend am 11. November, danach durfte, was noch am Boden lag,

von allen Bewohnern des Tales gesammelt und nachhause getragen werden
– die Eßkastanie ist eine glutenfreie (also für Zöliakieleidende verträgliche) Frucht von hohem Nährwert und steuert der heutigen Übersäuerung im Magendarmtrakt entgegen, doch ist sie leicht verderblich und schimmelpilz- sowie insektengefährdet, mindestens 3 Wicklerarten und 1 Rüsselkäfer setzen der Frucht bereits am Baum zu, Pilzbefall kommt nicht nur draußen, sondern auch bei unsachgemäßer Lagerung vor
– Methoden zur Konservierung des Ernteguts, das übrigens ausgelöst erhöhten Stoffwechsel aufweist, gab es viele: schöne Früchte wurden oft ¾ Stunden lang in 45° warmem Wasser gebadet, dann in die *novena* gelegt, eine Wanne mit kaltem Wasser, in der sie 9 Tage liegenblieben, wurmstichige und faule stiegen dabei an die Oberfläche und gingen an die Schweine, gute sanken auf Grund, man trug sie in den Keller, begrub sie in Sägemehl oder Sand, und so hielten sie bis zum Frühjahr, die Keimhemmung auch der draußen in den verschlossenen Nigeln liegenden Exemplare läßt dann nach und sie treiben aus, professionell wird heute in Kühlzellen bei 0–2° gekühlt oder Konditorware gar tiefgefroren, erhält der Konsument gebadete Kastanien, bedeutet das einen höheren Anteil an genießbaren Früchten, vor allem wird der Effekt der Vorbehandlung deutlich, wenn man die Kastanien nicht gleich verwendet, sondern eine Woche aufhebt, bei unbehandelten würden sich die Schädlinge rasch entwickeln
– das Holz wurde zu Möbeln, Weinfässern, Geräten, Pflökken, Masten, Brunntrögen, Zäunen, Lawinenverbauungen, Fensterhausbalken, Särgen und sogar zu hölzernen Kaminen verwendet, der hohe Tanningehalt macht das Material fäulnisresistent, man gerbte auch Leder damit, die stacheligen Schalen gaben Brennstoff ab, das Laub, von geringem Düngewert, diente als Streu für die Kühe und Füllung für

Matratzen und Kissen, die Zweige, im Herbst zu Büscheln gebunden, waren winters ein Futter für Ziegen, das man hoch aus den Bäumen holte und auf den Schnee legte
– als heftigster Schlag gegen den heiligen Baum erwies sich der Ausbruch des Kastanienrindenkrebses im Jahr 1948, der dann bis 1968 fast die Hälfte aller Bäume kostete
– im Dörrhaus, der sogenannten Grà, wurden die Kastanien 3 bis 4 Wochen lang auf Rosten gedörrt und geräuchert, dann mit einem Holzstecken mit spitzen Rauten am Boden oder in großen Leinensäcken auf einem Holzblock geschlagen, bis die Schalen aufsprangen
– die südliche Kastanie hat mittlerweile auch die Deutschschweiz erobert, im Appenzell braut man Kastanienbier, im Puschlav hat man Likör und Whiskey hergestellt

– in der eidgenössischen Münzstätte von Bellinzona wurde die Dukate, der Teston und der Bissolo geprägt, dieser trug auf der Vorderseite eine Schlange, serpentinenartig zusammengestaucht, auf der Rückseite ein Kreuz und regte zur Produktion einer Süßigkeit gleichen Namens an: dieser *Bissolo di Bellinzona* besteht innen hauptsächlich aus Kastanienfüllung und außen aus einem Schokolademantel, der die besagte Schlange als Dekoration trägt, die Dichterin FM gestand, sie werde bei Marrons glacés schwach

– in Japan sind Maroni die klassische Neujahrsspeise, in Wien stehen die Maronibrater winters dort und da an den Ecken und schieben von Zeit zu Zeit die heißen Maroni auf den Rundblechen unter dem Deckel der Tonne hin und her, im Spezialfall sogar mit weißen Handschuhen, neben Erdäpfelscheiben und -laibchen, die Maroni sind fettarm, enthalten einen Cocktail aus Kohlehydraten, Faserstoffen und B-Vitaminen, gleichzeitig stärken sie mit Vitamin E und C das

Immunsystem, Kastanienhonig kommt in Ö. z. B. aus Forchtenstein im Bgld., sogar im Stadtgebiet von Wien (wo es ja an den Wienerwaldausläufern auch Weingärten gibt) stehen einzelne Bäume, etwa in Wien Mauer, früher sogar auf unbebautem und nicht eingezäuntem Grund

– Arcimboldo, Renaissancemaler in habsburgischen Diensten und ein Meister des Capriccios, malte den Herbst als kollagierten Kopf mit einer Edelkastanie im Mund und Faßdauben als Halskrause, denn mit Kastanien und Wein kann man über den Winter kommen

– der Wiener Buchhändler und Botaniker Reinhold Posch (wie aus dem Ärmel geschüttelt auch versierter Botaniker) legte einem seiner Kunden (dem bürgerlichen Tischler) ein unbekanntes dunkelbraunes Brett zur Prüfung vor und erhielt postwendend die Antwort: Eiche (welche in Maserung und Härte ja der Edelkastanie auch wirklich sehr ähnelt), allerdings wächst die Kastanie nach einer anfänglich langsamen Jugendphase im Unterschied zur Eiche dann wesentlich schneller: die Kastanie erreicht in 80 Jahren die gleiche Stärke, für welche die Eiche 200 Jahre braucht

– im SachkundeUnterricht an Salzburger Schulen hieß es immer, die einzige Edelkastanie des Landes stünde an begünstigter Stelle im Ort Eschenau überm Salzachtal, und für die mildklimatische Pfalz am Oberrhein hieß es, die bayrischen Könige und Regenten hätten dort Kastanienwälder anpflanzen lassen, aus deren Beständen bis vor kurzem noch etwa der Bürgermeister des dortigen Weinstädtchens Edenkoben Kastanienstämme für Lawinenverbauungen nach Tirol verkaufen konnte

– auch der mächtige Kastanienwald *Brentan* im unteren Bergell erblüht spät, duftet dann aber aus seinen ährenähnlichen Blütenständen (die wie die Stäbe der Mänaden *Thyrsen* genannt werden) fast unangenehm intensiv, was allerdings bestäubende Insekten anlockt, sowohl mit diesem an Sperma erinnernden Geruch als auch mit seinem auffälligen Schauapparat mache er auf sich aufmerksam, und dieser allgemein so bemerkenswerte Baum stehe gewissermaßen an der Grenze zwischen Natur und Kultur, zwischen der steilästigen Wildform (mit geradem Wuchs) und der veredelten Zuchtform (mit horizontalen Ästen, drehwüchsigem Stamm und helleren Stachelkugeln)

– Siegfried de Rachewiltz weist in seinem Standardwerk zur Eßkastanie (Arunda Nr. 33) u. a. darauf hin, daß der **Kestnigl**, also die extrem stachelige grüne Hülle, in der sich oft eine große Mittel- und zwei kleine Seitenkesten finden, als Symbol für die Gebärmutter gilt und daß weiters Stachelkugeln aus Holz als beliebte Votivgaben in den Kirchen niedergelegt wurden, früher habe man sich eine Kestnpfanne selbst gefertigt, indem man in ein ausrangiertes Stück Löcher bohrte, durch die dann die Flammen des offenen Feuers schlagen konnten, übrigens: der sogen. Zyklop von Feldthurns neben der Schloßmauer hatte im Jahr 1992 im Gemeindegebiet ca. 3600 Edelkastanienbäume unter sich

Kauz Waldkauz (in Warteposition)

•
•
•
Schutz
Schmutz
Nichtsnutz
Aufputz
Trutz
Liegestütz
pardauz
Kauz vielleicht: Waldkauz Schneekauz Zwergkauz (auch Sperlingskauz)
den Bettelrufen nach zu schließen, wie sie aus dem hohlen Apfelbaum ertönen, sind die Käuzchenjungen zwar bereits geschlüpft und also **Nestlinge**: als sogenannte **Ästlinge** aber wird man sie vermutlich nur in der Dämmerung oder nachts heraußen sehen (wohl unter mütterlichem Schutz), allerdings scheint kauzbezüglich generell vom Beobachtungspunkt aus absolute Bewegungslosigkeit des Lauernden notwendig zu sein und man fragt sich ohnedies, mit welch überscharfen Sinnen diese Nachträuber selbst ihre notwendige Beute (Mäuse, Maulwürfe etc.) von ihrer Warte herab ausfindig machen und dann im lautlosen Anflug erhaschen können

die Wildkamera, auf jede Bewegung in ihrem Winkelbereich reagierend (seien es auch nur rasche Fliegen oder im Wind wachelnde Äste), kommt mit der Schnelligkeit der anfliegenden Käuze kaum mit, so daß fast immer nur deren Landung (als dunkle Federnmasse) an der Einflugsöffnung am Baumstamm kurz zu sehen ist, anschließend ihr Verschwinden im hohlen Baum und kurz darauf wieder ihr Heraufkommen, wobei das irisierende Augenlicht zuerst auf die eine und dann auf die andere Seite gedreht einzeln erscheint, kaum einmal ein Blick von 2 Punkten geradeaus nach vorn zum Beobachter (zur Infrarotkamera) her (hin), die kratzenden Geräusche des Abrutschens innen im hülzernen Hohlraum bis zum Nistplatz am Boden sind allerdings gut zu vernehmen (wenn man sie einmal als solche erkannt hat)

untertags scheint die Käuzin ihren Platz kaum zu verlassen, so daß man oft nur durch Zufall draufkommt, daß da überhaupt ein Wesen über Monate unbemerkt stillhält, **in nachwuchsgarantierender Quarantäne** (vom nächtlichen Futterherbeibringen des Partners liest man aus der Literatur), und dann gibt's ein großes Erschrecken, wenn nach etwaigem Anstoßen am Stamm von außen zu mittag so ein unförmiges Etwas quasi kopflos und ohne jeden Laut in halber Höhe dermaßen schnell davonfliegt, daß man gar von einer **Schattenhalluzination** zu sprechen sich veranlaßt fühlen könnte (wenn diese Störung nur nicht zur Nistplatzaufgabe führt!)

hat man sich die wenig variierenden Rufe (aus der kühlwindigen Düsternatur oder aus dem Internet im warmen Zimmer vorgespielt) einmal eingeprägt, wird man sie auch von fern her tönend gleich erkennen (das kurze Lied, den Alarmruf, die Bettelrufe sowieso, oder im Shop: Vogelpfeife und Plüschvogel), stets fühlen wir uns wie vom nahezu unsichtbaren Wesen belauert, vorab erkannt und in unserer scheinbaren Jagdposition ausgehebelt, von einem Wesen, dem die Mär vom **Angriff** und Überfall auf den Störenfried **hinterrücks** vorausgeht, eben vom

Kauz vielleicht: Habichts- Fichten- Stein- Rauhfuß- Bart- oder
Graukauz
Schnauz
Vaduz
Kreuz
Kukuruz
Jazz, free jazz
.
.
.

folgt man dem ersten Forstweg rechts nach dem Grenzübergang *Hangender Stein,* auch als Hangendenstein-Paß bezeichnet, was in diesem Fall kein Höhenjoch, sondern eine leicht absperrbare TalSchmalstelle zwischen KönigseeAche, welche auch *Almfluß* genannt wird, im Gegensatz zum *Almkanal,* der direkt beim ehemaligen Zollamt abzweigt (in jenem ominösen Frühjahr 1938 ist dort eine Salzburger Automobilistin, die Mühlenbesitzerin Frau Kommerzialrat Fanny Heilmayer, vom letzten niedergehenden Grenzbalken in ihrem Wagen erschlagen worden) und welcher Gebirgswasserkanal Richtung St. Leonhard erst zum Hauptfluß parallel und in der Folge weiter abseits Richtung Salzburg verläuft, folgt man also dem ersten Forstweg rechts ins wilddüstere Untersberg-Vorgelände hinein (einige Hundert Meter talaufwärts steht dann der 1252 erbaute **Zollturm/Paßthurm** als steinerner Rest einer einstigen Grenzbefestigung Berchtesgadens gegen Salzburg, mit Nagelfluhkreuz aus dem 13. Jhd. im Buschwerk davor), wenn man also diesen ersten Weg an der Stützmauer zurück in den bärlauchbestandenen Buchenwald einschlägt, stößt man nach der Querung einer ausgeschnittenen StromleitungsTrasse bald ans Ende der eindeutigen Fahrwege und könnte sich (durch Jungwald emporstrebend und dann einer Schlucht unter linksseitigen Felsen steil aufwärts folgend) an die über den Baumkronen verborgenen Abstürze der Ostausläufer des zerklüfteten Massivs herantasten und (aus dem Graben auf den rechten BegrenzungsRiedel ausweichend) oben entweder einen waghalsigen Durchstieg nach links auf die steilen Rasenflanken des *Kienbergkopf*es erkunden oder sicherer nach rechts durchs Laub an die Gelände- und Bewuchskante über einem Nebengraben mit Tiefblick nach St. Leonhard hinausqueren, dort drüben würde man etwa auf die halb umgesunkenen alten **Grenzsteine** Nr. 71 und 72 aus dem Jahr 1818 (das Erzbistum war dem Habsburgerreich inzwischen einverleibt worden) gestoßen sein, auf der einen Seite des Grenzsteins sind die Buchstaben K.K.OE.G. eingemeißelt, auf der anderen die Initialen K.B.G., also königlich bayerische Grenze

nimmt man allerdings erst den zweiten nächstmöglichen Weg von der Autostraße rechts ab ins Gelände, nämlich knapp vor der Brücke des *Weißbach*es (der quasi unbemerkt unter der breiten Fahrbahn samt doppeltem Radweg hindurchläuft), dann stößt man auch dort bald ans Ende einer geschotterten Forststraße, kann sich aber weiter oben diesem eleganten Fußpfad links hinaus hoch über den tosenden Schmelzwasserbachtobel anvertrauen und wird nach Überschreiten der 600m-Höhenlinie gleich mit den lieblichsten Durchblicken in dieses versteckte Tal mit seinem kühnen FelsenrundAbschluß an den Ostflanken unter den eigentlichen tintenstrichgefärbten Gipfelaufbauten des Geierecks und Salzburger Hochthrons belohnt, heimelig-heimlich geht es auf diesem Trampelpfad weiter, bald wird nach rechts hinauf ein steiler möglicher Grasdurchstieg (ohne Pfad) sichtbar (weiter hinten im Tal geht es gewiß leichter), dann stapft man also unter felsigem Hanggelände weiter taleinwärts, sieht auf einem FrühjahrsSchneerest (den es zu übersteigen gilt) und an den Schrofen dahinter einen braunen AltgrasTeppich liegen (wie im Vorjahr abgemäht, aber das wäre eine sehr mühsame SteigeisenVerrichtung, der sich wohl niemand, nicht einmal der besessenste Verfechter gepflegter Äsungsflächen fürs Wild unterziehen würde), dann steigt man verbreitert im Wald mit seiner Schattenvegetation von Farnen und grüner Bodenbedeckung weiter, und da könnte einem gar ein hiesiger Wanderer entgegengekommen sein und auf die Frage nach dem woher/wohin davon gesprochen haben, daß die Leute aus Grödig, die ihn ja täglich im Süden vor Augen haben, diesen Vorgipfel, von dem er jetzt herunterkomme, den *Keanbergkopf* nennen (ob es sich bei den Namensgebern um die markanten Rotkiefern an Hang und Gipfel handelt, bleibt dabei unerwähnt, liegt aber nahe), die Abzweigung hinauf sei gut kenntlich, und dann ist man auch schon dorthin gelangt und sieht einen dünnen Thorstahlstab (oben gelb markiert) in einem kleinen Steinhaufen stecken, auch die spärlichen Mauer- und Zimmerungsreste samt Türbeschlägen der eingefallenen *Kienbergalm* werden in sich eben aufrollenden Hirschzungenfarnbüscheln sichtbar, da sind einige Baumstämme drübergestürzt und wo wäre denn die Weide fürs mögliche Weidevieh hier zu vermuten (daß Kühe etwa vom *Thorer*hof unten den schmalen Pfad da vor etlichen Jahrzehnten heraufgetrieben worden wären, mag man sich gar nicht vorstellen), auf jeden Fall hatte man hier wohl auch sommers Wasser ausreichend zur Verfügung (auf einem Stichweg aus dem Bachtobel heraufzutragen), einen Verbindungsweg über den *Hochbartkopf* westlich auf der anderen ebenso steilen Talseite hinauf zur *Diensthütte* des Zolls und hinüber zum *Lochgraben* soll es gegeben haben

von hier nicht wahrnehmbar: wie die Lawinen im Laubbaumbestand des Talgrunds weiter drinnen winters gewütet haben, das wird man erst beim Tiefblick in den Talkessel vom Panoramaweg oben aus sehen können, nämlich so, daß alle Stämme in derselben Richtung bergab hingestreckt zu liegen gekommen sind, als hätte sie jemand feinsäuberlich parallel gefällt und sie wären jetzt nur mehr zum Ausfliegen entsprechend zu bündeln (was da so alles an Bau-, Schleif- und Brennholz für immer verlorengeht)

der extrem steile Grashang von den Hüttresten der *Keanbergalm* rechts hinauf erweist sich auf dem ausgesetzten Trittband ziemlich sicher und viel kräftesparender ersteigbar, als man es beim ersten Emporblick hätte vermuten können, abseits an die Borke einer Rotkiefer ist ein beschriftetes Holzkreuz angebracht, *in lieber Erinnerung an MARTINA MAGNUS *7.11.68, †5.2.90, welche hier durch einen tragischen Unfall* (unleserlich) *auch die schönsten Stunden sind irgendwann Vergangenheit* (unleserlich) *unsterblich eingehüllt vom Hauch des Unendlichen* (was hat diese junge Frau Anfang Februar wohl hier heroben vorgehabt, allein oder in Begleitung, mit Schneeschuhen oder Skiern oder einfach gamaschenbewehrt stapfend), bald wird eine durchsonnte **liebliche Wiesenschulter** und eine scharfkantige Hochschneide mit Tiefblick auf den Terrassenabbau der Zementfabrik Leube und mit bemerkenswertem Altbaumbestand erreicht (Mehlbeere in Busch- und Baumform, aber auch einzelstehende Schwarz- und RotkiefernIndividuen), so also sieht dieser jäh aufragende Wiesenbuckel, den man vom Tal her als irgendwie gangbar eingeschätzt hatte, jetzt heroben aus und alle Pflanzen des nicht genützten Almsommers scheinen in dieser begünstigten Lage gleichzeitig erblüht, Quendel und Silberwurz (*Dryas octopetala*), Frauenspeik und Heckenkirsche (*Lonicera alpigena*), Schwalbenwurz (*Vincetoxicum Hirundinaria*) und Sanikel/neunblättriger Zahnwurz sowieso

nach steilen Wegstufen und Serpentinen stößt man oben am *Keanbergkopf* wieder auf (diesmal neuere) Granitprismen der bayrisch-österreichischen Grenze (mehrere solche mit der

Nr. 69 und Unterziffer) und von einem Stichweg nach rechts kann man in Schrunden und Abstürze hinabblicken, durch die wohl nicht einmal mehr Gemsen heraufkommen können, aber schon findet man sich auf einer weiten Fläche aufatmend und unter alten Buchen geschützt wieder und hört von vorne einen Wasserfall hohl und in Stößen abgebrochen herüberhallen, auf dieser Höhe ungewöhnlich, nach kurzem Abstieg ist die kleine Senke erreicht, aus welcher zwei Steige am gegenüberliegenden Hang emporzuführen scheinen, einer links hinaus in die Sonnenflanke, sich immer mehr im Hang verlierend und oben mit alten Drahtseilversicherungen versehen, rechts hinüber etwas ungefährlicher ein Steig nahe der merkwürdigen Wasserrinne, wenig später unter einem trinkpraktischen **Kleinwasserfall** querend in den langgedehnten Quellgraben eines Bächleins hinein (ist dieses schon das eingezeichnete *Jägerbrünnl*), bei dem man sich wundern könnte, daß es im brüchigen Kalk nicht schon viel weiter oben in irgendein Karstloch durchgefallen ist, es empfiehlt sich, im weiteren unsicheren Wegverlauf über den rutschigen Laubboden dann und wann nach den unscheinbaren gelben Markierungsflecken an Steinen und Bäumen Ausschau zu halten, um sich Irr- und Umwege ins Latschendickicht oder an gefährliche Grate hinaus zu ersparen, und schon hat man nach einem Quergang rechts hinaus an der Kante einen neuerlichen FelsenDurchblick erreicht, diesmal zum *Neuhäuslgraben* ins Alm- und Salzachtal hinunter, vielleicht ist das ja schon jenes ominöse *Drachenloch*, dessen Steinbrücke am Pfingstmontag 1935 eingestürzt ist und das allein aufgrund seines Namens dem Dichter H.C. Artmann (in seiner Salzburger Zeit und vielleicht auch in der Folge) als Beweis für die Realexistenz von Drachen gedient haben soll also bis hinauf unter den Schellenberger Sattel (der rechts oben verbleibt, da sich der Pfad bereits nach links gewendet hat) reicht auf dieser sonnigen Seite der Buchenlaubwald in prächtigen Exemplaren, ein Blick hinauf zur Toni-Lenz-Hütte wird zwischendurch frei, eine Fünferkombination von alten Buchenstämmen in Reihe bietet die **Möglichkeit des Energieaufladens** in einer ihrer Zwieselungen, schließlich quert man den heiligen Hain nach links hinüber und erreicht (jetzt sogar wieder leicht abwärtssteigend) ein malerisches Feld von hingeworfenen Kalkblöcken, zwischen denen man sich in Gedanken gut und gern niederließe, bergwärts sind die Hänge auch von niederliegenden Buchenbüschen bestanden, durch deren Gassen die eine oder andere ruhende Gämse herunteräugt, während bald von höher rechts oben und jetzt schon von hinten durchs niedrig bewachsene Schotterfeld der Weg (Nr. 462) vom Schellenberger Sattel heranführt, was in der Fortsetzung die weitere Richtung zur (ab Pfingsten geöffneten) Höhlenvereinshütte (mit den bisweilen überforderten Wirtsleuten) sowie zur Schellenberger Eishöhle respektive durch den gestuften Tunnel zur Mittagsscharte hinauf vorgibt

Kiefer

wilde Kiefer (weibliche und männliche Blütenstände auf einer Pflanze, also einhäusig, blüht einzeln stehend bereits mit 15 Jahren, im Verband oft erst mit 30, 40 Jahren, in Ausnahmefällen gar erst mit 70, eiförmige verholzte Zapfen), Waldkiefer (Stamm hoch hinauf astlos), Kienbaum (2 Nadeln an einem Kurztrieb in häutigen Scheiden), Harzbaum (am Keanberg, früher wichtigster Lieferant von Terpentinöl, Tontöpfe an v-förmigen Stammeinschnitten), Schwarzkiefer (schwarzgrauer Stamm), Weymuthskiefer, Bergkiefer, Krummholzkiefer (Latschenäste zur Öldestillation und für karpatischen Balsam, latschen: am Boden dahinschleifen), Spirke (aufrechte Latsche), Zirbelkiefer, Ferche, Föhre: von Jahr zu Jahr beängstigend zunehmendes Kiefernsterben in niederschlagsarmen Regionen, etwa im nö. Kamptal: gemeinschaftliche Auszeichnung der 14 Lose im Genossenschaftswald, jeder zieht ein (hoffentlich günstiges) Los aus dem Hut, Fällen der Dürrlinge und Abfuhr bis 1. Mai, Spalten der Meterscheite, Resttrocknung im luftigen Stoß, allseits KreissägenAufheulen, verknorrte verharzte Aststücke nicht gleich verheizen (noch einmal daran schnuppern), Zirben-Lärchen-Wald am östl. Dachsteinstock, blickt man von Westen hin: Stämme wie tot, von der Ostseite her: grün, Blitzwipfel, KandelaberKronen, Schafgruppen wandern mit dem sich verschiebenden Zirbenschatten, penible Zapfenschmiede der Zirbenhäher (Bomberflug), nein: niemand kann unbekrächzt das Revier betreten

bereits die Anrede im Liedtitel ›*O heilige Frau Kümmernis*‹ könnte die/den unbedarft bei ihr Schutz und Hilfe Suchende(n) in ihrer/seiner Anrufung irreführen, und das gleich auf mehrfache Weise: zwar spielt der Name dieser Heiligen der **Alternativfrömmigkeit** im Wortlaut auf solche Begriffe wie *Kummer* und Not an (auch wenn die Frau am Kreuzesholz nicht eigentlich zu den 14 Nothelfern gezählt wird und sogar 3 getrennte Manifestationen unterschieden werden), doch steckt auch ein aktiver Aspekt in ihren diversen überregionalen Rufnamen, noch dazu will (oder muß) diese Kümmernis in der Legende nicht als *Frau*, sondern als Mann (und zwar bärtig) erscheinen, ja sie ersucht (vordergründig) den Herrn gar um eine derartige Verunstaltung, damit sie den (unweigerlichen) erotischen Avancen aus der Männerwelt (gar von Seiten eines vatergewählten Bräutigams) entgehen kann (auf offensichtliche Weise könnte sie auch die von männlichen Werten gekreuzigte Frau darstellen), *heilig* im kanonisierten Sinn ist sie auch nicht wirklich (vielmehr am Rand des Kalenders geduldet/gelitten, wenn auch im Martyriologum Romanum erwähnt/erneuert durch Papst Gregor XIII. im Zusammenhang mit der Tridentinischen Kalenderreform 1582), und ihren jährlichen Gedenktag (jenen folgenreichen 20. Juli) hat sie an eine andere starke Frauengestalt (*virgo fortis*) abgeben müssen, nämlich an die hl. Margaretha (dieses weibliche St. Georgs-Pendant, gleichfalls mit dem lanzendurchstoßenen Wurm/Lindwurm dargestellt, auch Margarethes Martyrium endet an Galgen und Martersäule), weiters spielt das Substantiv *Kümmernis* auch nicht explizit auf das Adjektiv *kümmerlich* an, sondern der Name bezeichnet eine Person, die sich um andere kümmert (Pestkranke, Frisch-Tote, aber auch einfach Eßgestörte), und diese sich kümmernde Person kann (wie im böhmisch-mährischen Bereich) auch ein aufmerksamer Ortsvorsteher sein, daher heißt diese halb Gekreuzigte (*die Hände flach ans Holz gespießt*, während die Füße auf einem Gesimsbrettchen, unten am Längsbalken angebracht, beweglich stehen können, also der gekreuzigte Körper auch etwas unterstützt wird) im Tschechischen ›Svatá **Starosta**‹ (dasselbe Wort wie ›Bürgermeister‹, auch er sollte ja jemand sein, der sich um andere kümmert), plastische Kümmernisdarstellungen an Dorfsäulen finden sich im sogen. ›Böhmischen Paradies‹ (etwa in Vesez bei Sobotka in Nordböhmen), oder ihre spezifische Erscheinung wurde aus dem **hl. Antlitz** (von Lucca), dem *volto santo* eines voll bekleideten triumphierenden männlichen Kruzifixus (gar mißverständlich) herausgelesen (von Betrachtern nördlich der Alpen oder späteren Interpreten), weiters hört die Kümmernis auf eine Vielzahl differenzierter Namen wie: Sainte Affligée, Comera, Ontkommer (Entkümmernde), Gwer, **Quere**, Hülpe, Caritas, Liberata, Liberatrix und Eutropia, als Wilgefortis (*virgo fortis*) ist sie mit einer der 3 hl. Madeln (von Meransen im Südtiroler Pustertal, Matrozinium am 16. September) kompatibel und als Weiberleonhard bildet sie in einer Art **Generalhilfsmacht** das Gegenüber zum alpenländischen Viehpatron und Gefangenenbefreier St. Leonhard (mit der Vielzahl nach ihm benannter Orte im Gebirge und mit den traditionellen Umritten am 6. November), in den häresieverdächtigten Beginenklöstern des 12. Jhds. soll das **Kümmernisbild** den Kranken und Kummervollen zum Trost gezeigt worden sein (wer weiß, ob mit oder ohne geigenspielenden Spielmann, dem der sexuell konnotierte goldene Schlapfen zufällt) im Horner Stadtmuseum (in Niederösterreich) stand sie/er als bärtige Holzplastik in der Nähe des schicklgruberschen Kleiderkastens, anderswo sieht man sie/ihn auf einem Bild im Freien (an Queräste im Wald) gebunden hängen (und hört von ihr als Nachfahrin einer keltischen Baumgöttin raunen), über dem Drautaler Ort Gerlamoos (in Kärnten) erscheint diese mythologische **Volksheilige fraulicher Sorge und Abwehr** auf einem eigenen Seitenaltar hinten in der Kirche (der Kirchenschlüssel ist im Haus Gerlamoos Nr. 15 erhältlich), als quasi Laubsägearbeit samt einem im Fallen fixierten Pantoffel über dem geigenspielenden Bettler positioniert, im Oberstock des Gasthofs Kollmann im weststeirischen Geistthal, vormals ein Gerichtsort des Landgerichts Stift Rein, sieht man eine elegante Kümmernis (angeblich die schöne Tochter des weiland heidnischen Burgherrn hier) gekrönt als bunt bemalte Barockfigur mit wallendem Kleid am Kreuz an der Wand hängen (der zugehörige Geiger – beide Figuren waren einst draußen an der mächtigen Dorflinde überm Hinrichtungsplatz fixiert – wurde gestohlen und jüngst als etwas zu groß geratene Replik mit echter Geige in der Hand nachgeschnitzt, allerdings nicht mehr aufgestellt), in der Martinskirche am Linzer Römerberg sieht man den Lucca-Typus der Kümmernis samt Geiger mit langem Fidelbogen auf einem Wandbild dargestellt (15. Jhd.), in der Hauptkirche Sv. Tomase im mährischen Brünn dominiert sie gemalt das figurenreiche Altarbild von Jiří Heintsch (1687) gleich rechts hinterm Eingang, und die Gekreuzigte wird dort vom auferstandenen Christus persönlich assistiert und (wie beglaubigend) präsentiert, in Grimms Deutschen Sagen erscheinen sie und ihr **Spielmann** gleich zweimal (als *Kummernis* in der Sage Nr. 157a und als *Jungfrau mit dem Bart* in der Nr. 329), Justinus Kerner hat sie in seiner Ballade *Der Geiger zu Gmünd* durch die gleichfalls sagenhafte hl. Cäcilia ersetzt (1816), woraus sich in der entbehrungsreichen Zwischenkriegszeit des 20. Jhds. ein vielbesuchtes Volksstück entwickelt hat, in der Nomenklatur der Alpenpflanzen erscheint das polsterbildende Zwergleimkraut oder Sau-Petergstamm (*Silene pumilio* oder *Saponaria pumila*) in Großarl/Salzburg als ***Kummernüßl*** (das auf kargem Silikat-Boden wächst und wohl fruchtbareren Untergrund brauchen könnte), eine bemalte Fotografie von 1991 (des schwulen franz. Künstlerpaares Pierre et Gilles) zeigt eine füllige gekrönte Schönheit im blauen Schleierkleid vor flammendem Wolkenhimmel an einer Wasserfläche (Private Collection, Buenos Aires), und daß die zeitgenössische Trivial-Kümmernis bartlos dazu dient, halbnackt oder ganz nackt als Gekreuzigte (**Crucifixa**) sadistischen Phantasien und Übertretungen ein ProjektionsPhantasma zu bieten, steht auf einem anderen (weniger kunsthistorischen denn pornographischen) Blatt

die legendenhafte **Entkümmerin** ihrerseits soll sterbend in einer 3 Tage dauernden Predigt viel Volks bekehrt haben, zuletzt auch den eigenen Vater (einen sagenhaften König von Portugal), der daraufhin der (pubertierenden?) Tochter eine Kirche habe errichten lassen, ihr Eintreten für die Entrechteten (Spielleute, Gaukler, Wanderpoeten, alle Arten von Unehrenhaften und zwischen den Geschlechtern Schwebenden) macht sie für den kleinen Mann und die kleine Frau überzeitlich aktuell, als *Transe* mit Oberlippen-Backenbart und make up vermag sie (unter dem KünstlerNamen **Conchita Wurst** für Tom Neuwirth) singend neuerdings nicht nur ihr andersrum-Publikum zu begeistern, als Meditationsfigur für die historische und aktuelle Frauenrolle wird sie von neueren Theologinnen ins Spiel gebracht, eine ganz spezielle Heilkraft der Kümmernis, nämlich auf Augenleiden bezogen, könnte an ihrem sternenbesäten Gewand haften (aufmerksame Pause), das es demnach (so sie ein solches auf historischen oder aktuellen Darstellungen trägt) intensiv anzuschauen gilt/gälte

Dank für Hinweise an Silke Birte Otta Geppert, Wilfried Glas, Toni Kurz, Andrea und Sophie Niessner, Jaroslav Pavlicek, Pater Winfried Schwab OSB, Michael Braunsteiner, Barbara Eisner, Agnes Harrer, Elsbeth Wallnöfer

Kümmernis-Lied

o hl. Frau Kümmernis

wie schön gewandet stehst du da
samt deinen güldnen Schuhen,
die Hände flach ans Holz gespießt
hast keine Zeit zum Ruhen

den Freier, der dir (vom Vater) zugedacht
den wolltest du nicht nehmen
dein Kreuz ziert jetzt so manchen Ort
in Östreich/Bayern und Böhmen

hast dich, der Sexattacken leid,
vom Herrn (Jesus Christus persönlich) verschandeln lassen
des Vaters Stolz war so verletzt
er warf dich auf die Straßen

und ließ dich etlich Tage lang
am Kreuzesholz verschmachten,
derweil dir Freunde aus der Stadt
teilnehmend Trost (Brot, Wasser, Schnittblumen, Bohnen-
kaffee und Musik zur Ablenkung) darbrachten

dem Geiger halfst du mit dem Schuh
den wollte er (beim Antiquitätenhändler) verscherbeln
des Kirchenraubs zieh man ihn drauf
und führte ihn zum Sterben

sein Weg (zum Hochgericht) geht an dem Bild vorbei
er darf zum Trost noch einmal spielen (!)
da wirfst du ihm den zweiten Schuh
kannst damit jetzt sein Glück erfüllen

ob Mann, ob Frau: du kümmerst dich
bei Mißwuchs, Not an Kindern,
als Virgo fortis (Wilgefortis), Weiber-Leonhard
versuchst du Schmerz zu lindern

Lärche

LärchenNadeln stehen nicht einzeln am Zweig, sondern in Büscheln von 20 bis zu 30 Nadeln, wobei diese aus einem gemeinsamen Knotenpunkt entspringen, den oft epidemischen Miniermottenbefall der Neutriebe überstehen die meisten BaumExemplare unbeschadet, frisches Lärchengrün wird auch vom Weidevieh gern angenommen (das Rind muß dabei mit seiner Zunge hoch hinaufschnellen oder sich gar für kurz wie ein levierendes Pferd aus der Spanischen Hofreitschule auf die Hinterbeine stellen), die weibliche LärchenBlüte sitzt als zuerst rot geschupptes Zäpfchen am ZweigEnde, die männlichen Blüten bilden eine zitronengelbe Traube, deren SamenstaubAusstreu wie Schwefelregen niedergeht, man hat bis zu 300 Jahre alte Bäume gefunden: ein lärchener Brunntrog in der evangelischen Gemeinde Ramsau/Dachstein, genauer auf der Grafenbergalm im Gemeindegebiet von Haus, ist sogar noch älter und stammt aus der Lutherzeit (und dieser Lärchenstamm wurde nach dem Fällen im sogen. *Loamgrübl* und vor dem Aushacken mit dem Hohlhackl vom damaligen Kurator Blasbichl Mathiasl dereinst persönlich jahresringgezählt, den hätte, wäre er hier gewesen, schon Martin Luther gesehen), Jungbäume stehen oft wie kleine Zuschauer im Theaterrund um ihre Mütter- respektive Väterbäume (und das gern in muldenförmigen windberuhigten ungestörten Gebirgslagen, etwa auf dem hintersten ReitwegAbschnitt der *Rotlacken* nördlich der *Notgasse* im Kemetgebirge), was nicht heißen muß, daß sie da besser wachsen, Schneedruck in der Jugend kann oft zu unten gebogenen und dann dick ausgewachsenen Stammpartien führen (so ein Bogen zugehackt wurde etwa als HerdstattUmrandung (für den sogenannten *Fuaßbrand*) in altertümlichen Almhütten benützt, oder man kann sich einfach für eine kurze Rast in so eine markante Rundung am stehenden Stamm hochspringend hineinsetzen), Bartflechtenbehang an Lärchenästen (wie z. B. in den Wäldern um den südtiroler Weiler Plawenn) gilt als Anzeiger für unbeeinträchtigte Luftqualität, als Brennholz machen die Lärchenscheiter mit ihren explosionsartig knisternden Harzzellen hörbar auf sich aufmerksam, sogar für Wein- und SchnapsFässer wird bisweilen Lärchenholz, da ziemlich geschmacksneutral, verwendet, für Bodendielen und Eisenbahnschwellen ist es sowieso gut geeignet (in der abgelegenen Karstgrube namens *Kampf und Streit* auf dem Schafweg zur Plankenalm liegen noch unbehauene SchwellenRohlinge für die Ennstalbahn von 1875 bereit, diese sind aufgrund einer Arbeitsauseinandersetzung der damaligen Holzknechte, genauer nach einem Streit zwischen Ziehern und Tragern, dort bis heute liegengeblieben), sogenannte *Krautschwöler* werden aus Lärchenpfosten im dichten Rund mit schließlicher Abdeckung oben tief in die Erde gesetzt und waren dereinst bei jedem Hof zur Grubenkrautaufbewahrung vorhanden, so auch beim Ramsauer Lodenwalcher (als *Lodenwalchkrautschwöler* wird allerdings eine Reihe von Kleindolinen mitten auf der Hochfläche Am Stein bezeichnet, in die der damalige Lodenwalcher seine Krautköpfe angeblich vor wiederholten Diebereien gerettet haben soll), man fertigte aus Lärchenholz Brunnenröhren und fertigt heute noch Zaunstipfel, Treppenstufen und Schindel (diese entweder geschnitten oder besser doch gekloben und auf der *Hoanzlbank* geputzt, ein anschauliches Beispiel für so eine qualitätvolle Außenverschindelung, bereitgestellt vom vlg. Triller selig aus Ramsau Leiten, ist an der neuen Ramsauerhütte der Alpe Grafenberg zu sehen), verleimte Lärchenbretter dienten als haltbare Bildträger für alte italienische Gemälde, aus dem Lärchenharz gewann man das Venezianische Terpentin (im Gegensatz zum Wiener Neustädter Terpentin aus den dortigen Kiefern), Lärchpech wird immer noch als Zugmittel und zu Gicht-Einreibungen verwendet, der Splint der sibirischen Lärche gilt sogar als eßbar und auch zur Sauerteigbereitung geeignet, an der Baumgrenze sieht man bisweilen lichten Wald in anmutiger Lärchen-Zirben-Kombination mit vereinzelten Schlangenfichten, wenn diese persönliche Bemerkung gestattet ist: einer meiner vielen steirischen Cousins ist an einem infizierten Lärchenspan zugrunde gegangen (*cave*: eine Person oder ein Tier im Tetanus-Wundstarrkrampf darf man weder anreden noch anleuchten oder gar anrühren: sonst stirbt das versteifte zitternde Wesen sofort, was mir bei einem ungeimpften Landlpferd, das ich in seinem Krampf beruhigen wollte, vor etlichen Jahren kurz vorm Almabtrieb passiert ist), die herbstlich glühend gelbrot verfärbten Lärchennadeln (dieses Naturschauspiel ist jeden Spätherbst mitzuerleben) scheinen das Sonnenlicht des Tages geradezu gespeichert zu haben und dieses nach Sonnenuntergang noch eine Weile weiter auszustrahlen (zumindest für einige Minuten erhebender Sinnestäuschung), das therapeutische Verweilen unter Lärchenbäumen, die bekanntlich alle Jahre zuerst abwerfen und im Frühjahr wieder neue Nadeln ansetzen, vermag gar zaghafte Menschen zukunftsfroh zu stimmen, so heißt es jedenfalls

Latsche

auch Krummholzkiefer, Legföhre, Lecke genannt, sie legt ihre Äste mehr oder minder an den Boden an (siehe auch den Ausdruck *latschen* für *dahinlatschen*: also am Boden dahinschleifen), in den Westalpen gibt es auch eine aufrechte LatschenForm (die Spirke, dunkler Stamm, asymmetrische Zapfen, sie ist in den Ostalpen selten, siehe allerdings den Flurnamen *Spirkenwinkel* hinterm Aichberg unterm Stoderzinken und die Sporkenbühelgasse im 9. Wiener Gemeindebezirk am inneren Währinger Gürtel), die Latsche ist der Charakter›baum‹ (wenn man ihn so nennen will) der obersten Baumgrenze, sie steht (vielmehr liegt) meist in dichten Feldern (sogenannten Latschenhäuten), aus wippenden gebogenen Ästen bestehend, dem Schneedruck nachgebend, auch als Schuttstauer wirksam, mit engen Jahresringen (du hast mit diesem Knüttel einen hundertjährigen Stamm abgeschnitten!), die äußersten Jahressprosse (die obersten Spitzen) dienen angeschnitten als Notfutter fürs Kleinvieh bei überraschendem Sommerschnee (die Ziegenmäuler sind daraufhin für länger pechverschmiert), duftende Zweige können zwischen PlumpskloPlanken gesteckt werden (und sind von Zeit zu Zeit zu erneuern)

Latschenbrennhüttl (so lautet eine Ortsbezeichnung im Weißenbacher Ahornkar, einige verrostete Kessel liegen dort noch herum): in einem solchen Produktionshütterl wurden resp. werden die Latschenäste zur sanften Öldestillation vorsichtig erhitzt (z. B. von Mandlberger in Mandling, von Buder in

Eisenerz, Steiner auf der Bachlalm, oder auf der höchstgelegenen Naturapotheke Planneralm hinter Donnersbach), anderswo im Osten sind Latschen auch das Ausgangsmaterial für den sogen. karpathischen Balsam, anfänglich setzen sich Latschen als unscheinbare Inseln im Weidegebiet fest, dann wächst die Latsche ganze Almweiden und vor allem Wegpassagen rasch zu (da sind wir doch voriges Jahr noch durchgekommen), *Schwenden* heißt Schwinden machen, und das bedeutet: 2mal freischneiden: nämlich erst die grünen Äste und dann die gekrümmten Aststümpfe im Jahr darauf ganz ab (man kann außerhalb von Nationalparks um Förderung für Schwendarbeiten ansuchen), und ganz wichtig: die grünen Ästehaufen (die überbleiben) am besten nicht von unten mit Brandbeschleuniger, sondern von oben her anfeuern (Achtung: Schwendfeuer sind feuerwehrmeldepflichtig, sonst steigt ein LöschHubschrauber draußen in Salzburg auf und Sie müssen den teuren Einsatz bezahlen), die geputzten Knüppel kann man dann an den Wegen in Hüttensicht aufhäufen (als Brennholz für nächstes Jahr), ein Schild wird dazugesteckt, auf dem könnte geschrieben stehen: *seids gscheid, ist eh nimmer weit, nimmt jeder ein Scheit, machts dem Hüttenwirt/dem Halter a Freud* oder knapp und etwas schwerer verständlich: BITTEL KNÜTTEL HÜTTEL, noch knapper: BITT KNÜTT HÜTT (war Ernst Jandl da, wird dann vielleicht gefragt)

am Salzburger Untersberg hat der saure Regen den Latschen vor Jahren stark zugesetzt (die verbräunten Partien haben sich mittlerweile wieder erholt, Wild und Kleinvieh äst übrigens im Herbst gern unter den Latschenrändern und verschwindet gar im Latschendickicht, denn da gibt es noch frisches Gras und Farnkraut als Grünfutter), in Reinbeständen stehen (respektive liegen) die Latschen ringförmig um die Berggipfel,

z. B. auf der Hohen Tatra (als Versteck für Bär, Luchs und Wolf), im WegabkürzungsDickicht der Kalkalpen sind die Latschenhäute ohne Klappsäge (besser sind die Schiebesägen der Firma Fiskars) meist nicht durchdringbar, Balancieren auf den Auslegern in halber Höhe ist nur mit zusätzlicher Alpenstange zur Gleichgewichtsstabilisierung möglich (›ja müssen wir uns mit dir jedesmal durchs Latschendickicht kämpfen‹), kleine Sprößlinge werden von den Hütern auf ihren ViehSuchWegen immer wieder herausgezogen und zum Verdorren auf Steinblöcke gelegt (aha da ist der vulgo *Feichtl*bauer senior vor kurzem bereits gegangen, er hat schon sichtbar klein geschwendet), anderswo (z. B. auf Bundesforstgebiet) wird sorgsam mit Jungpflanzen aufgeforstet, allerdings meist mit Zirben, nie mit Latschen

Linde (auch Waber)

(wir nehmen lexikalisch rückläufig Anlauf auf die Linde zu:)
...
Sonnenwende
Sommersonnenwende
Wintersonnenwende
Jahreswende
Jahrhundertwende
Vorsitzende
Parteivorsitzende
Bundesvorsitzende

Binde
Leibbinde
Gebinde
Angebinde
Kopfbinde
Bauchbinde
Nabelbinde
Mullbinde
Armbinde
Wadenbinde
Magenbinde
Augenbinde
Damenbinde
Schulterbinde
Trauerbinde
Florbinde

Halsbinde
Aderlaßbinde
Monatsbinde
Bartbinde

Gemeinde
Landgemeinde
Dorfgemeinde
Fangemeinde Kirchengemeinde
Christengemeinde
Baptistengemeinde
Partnergemeinde
Pfarrgemeinde
Urgemeinde
Kultusgemeinde
Stadtgemeinde
Marktgemeinde
Kunstgemeinde

Hinde (altertümlich für Hindin, Hirschkuh)

Linde (Laubbaum der Gattung *Tilia, wovon sich das Adjektiv subtil herleiten ließe, quasi ›unter einer Linde‹,* sowie weiblicher Vorname, Kurzform, auch im keltischen Baumhoroskop an prominenter Stelle positioniert)

gemäß den Aussagen des keltischen Baumhoroskops und den Vorstellungen der Signaturenlehre, wie sie etwa auch die Heilkunde eines Paracelsus prägt, ist die Linde ein Baum der Versammlung, der friedlich-fröhlichen Gemeinschaft im Dorf, nicht umsonst wurden allenthalben in manch mächtige Dorflinden ganze Tanzböden und Versammlungshäuser eingebaut, auch heißt es im bekannten Lied: *am Brunnen vor dem Tore da steht ein Lindenbaum*, und man könnte dieser

Verszeile als Slogan den Satz hinzufügen: **Linde tröstet Schubert**

beide Aspekte des emblematischen Baums prägen auch Charakter und Arbeit der aus Zwettl gebürtigen Wiener Künstlerin Linde Waber, nämlich Konzentration auf die und in der Natur sowie Menschennähe und Hilfsbereitschaft: Linde geht offen auf Menschen zu und setzt sich auch immer wieder für ihre KollegInnen ein, Linde schätzt Arbeitskooperationen sehr, ja Linde hat voll Energie bei so vielen ihrer Freundinnen und Bekannten in den Ateliers und Arbeitsräumen gezeichnet und gemalt (nämlich die jeweilige Arbeitssituation) wie kaum jemand anderer aus der vornehmlich doch individualistischen Künstlerschaft, außerdem unterzieht sich Linde einer jetzt schon Jahre währenden Tagesdisziplin, indem sie nämlich tagtäglich, oft auch erst spät in der Nacht oder gleich in aller Früh, meist aber mit Beteiligung von Freunden und Bekannten (*hast du schon unterschrieben*) sowie Einarbeitung von Zugesandtem eine sogenannte ›Tageszeichnung‹ verfertigt und somit bereits ein privates Archiv unschätzbaren Wertes angelegt hat, und gleich wo sie auch weilt, auf Reisen durch Landschaften, in Städten, über die Meere hinweg, an Mangrovenwäldern entlang oder zu den Arven ins Gebirge hinauf: Linde zeichnet und skizziert mit einer Energie und Selbstverständlichkeit, die nicht nur die Mitreisenden und eventuell in die Blätter hineinlugende Kinder verblüfft, und in scheinbar für sie ungewohnter Beschränkung geht die Künstlerin, deren japanische Lehrjahre dauernd nachzuwirken vermögen, dann alljährlich in Klausur in ihren Garten in ihrer Heimatstadt (deren Name ja mit dem slawischen ›zviatlo: die Lichtung, Rodung‹ zu tun hat), und dort hält sie nicht nur sommerliche Malerwochen für Interessierte ab, sondern hat sich schon über Jahre und Jahreszeiten hin der

Baum-, Strauch- und Wiesen-Vegetation ihrer Waldviertler Heimat gewidmet, dabei ist nicht nur der Umfang ihrer Naturstudien, sondern auch das Maß des Dargestellten gewaltig: Nah-Vegetabiles und mittlere Landschaftsausschnitte kämpfen mit dem Bildquadrat oder -rechteck und seiner Begrenzung gewissermaßen einen anhaltenden Kampf, und der scheint bisweilen zugunsten der Vegetation auszugehen, ihren japanischen Affinitäten (›kleine Japanfetzerl‹) geht Linde nach Holzschnitt und Tuschpinselzeichnung auch als Malerin wieder nach, aufgehoben in wabernder Dynamik, wobei sich an Stielen wehende Papierstücke ausnehmen lassen, wie sie als Wunschzettel im Umkreis shintoistischer Tempel auch an Naturzweige von Bäumen und Bärlappsträngen geknüpft sind, und man könnte sich von fern sogar an jene vielfach gefältelten Papierstreifen erinnert fühlen, wie sie von den Priestern angefertigt und zur Landung der Geister im Schrein plaziert werden, oder an das rautenförmig geknickte Geschenkmarkierungspapier namens NOSHI

Lindenbast
Lindenbaum
Lindenblatt
(duftende) Lindenblüte (das haben Sie sicher schon beobachtet: wenn der reife Fruchtstand der Linde abfällt, bewirkt das Hochblatt als Flugorgan für die nußartigen Früchte, daß diese sich langsam in drehender Bewegung und womöglich im Wind vertragen zu Boden schrauben, als eine Art Tanzpüppchen)
Lindenduft
Lindenholz
Lindenhonig
Lindenschatten
Lindenschwärmer
Lindenstamm
Lindenstraße
Lindenzweig

Rosalinde
Blinde
Kriegsblinde
Waldlinde
Heidelinde
gelinde
Dorflinde
Sieglinde
Frühlinde
Steinlinde
Silberlinde
Gerlinde
Zimmerlinde
Sommerlinde
Winterlinde
Graslinde
Spätlinde
Dietlinde
Ostlinde

Rinde
Tamarinde
Chinarinde
Erdrinde
Käserinde
Baumrinde
Faulbaumrinde
Weidenrinde
Lindenrinde (darf nicht fehlen)
Eichenrinde
Birkenrinde
Nebennierenrinde
Hirnrinde

Zimtrinde
Brotrinde

Gesinde
Winde
Gewinde
Blonde
Sonde
Kunde
Runde
Pfründe
Gründe
Sünde
Stunde
Wunde
...

(soviel nur als Beispiel zur Einbettung der Linde in die gezackten Reihen und hasensprungartigen Litaneien des rückläufigen und vorläufigen Wörterbuchs)

Nachsatz: ein junger ebenmäßiger Lindenbaum stand in den Sechzigerjahren im Freibad von Freilassung (der beliebten bayrischen Einkaufsstadt von Salzburg aus) auf einer Insel mitten im Wasser, voll duftender Lindenblüten, die hätte man als Jugendlicher liebend gern gepflückt und in einem Sack (etwa auf den Kopf gebunden) schwimmend ans Festland und in der Folge nachhause gebracht

die wie der Baum *Philyra* gerufene griechische Nymphe, ansässig auf einer Schwarzmeerinsel, brachte, von ihrem Onkel Kronos geschwängert, den heilkundigen Kentauren Chiron zur Welt und wurde schamerfüllt auf eigenes Ersuchen von

Zeus in einen **Lindenbaum** verwandelt, Baum wie Pferdemensch hatten die Gaben der Heilung und Weissagung, schließlich diente der Lindenbast, auch *Liber* genannt, gar zur Herstellung von Papier, und daß auch die rätselhaft würgende Sphinx von einem Baum abstammt, nämlich vom unterweltlichen Walnußbaum, sollte, auch wenn es von der hellen Linde ins Dunkle abführt, nicht unerwähnt bleiben

Mammutbäume (Göttweig)

»Adalbert-Wellingtonien« zur Erinnerung an Plen. Tit. R.R. Praelat ADALBERT DUNGEL, welcher als Waldmeister des Stiftes Göttweig vom 1. Juli 1877 – 29. Sept. 1886 den Samen der Wellingtonia gigantea dieser Umgebung im Jahre 1880 in die Erde legte. In dankbarer Huldigung das Waldamt Göttweig im Jahre 1909: so steht es auf der in einen Natursteinblock eingelassenen Tafel mitten im Wald südlich von Göttweig, dort wo die Granitplatte des Waldviertels (und also die böhmische Masse) unter dem Namen *Dunkelsteinerwald* in die Zone südlich der Donau hinübergreift, bei der sogenannten Adalbert-Rast über Paudorf und dem Fladnitztal, durch das auch die Verbindungs-Bahn St. Pölten–Krems führt, 16 Stück 130 Jahre alte **Mammutbäume** sollen dort oben stehen, 9 zählt man gleich, mindestens eine Baumruine ist auch dabei (Frage: bekommt jemand das Holz von umgestürzten oder aus Gefahrengründen zu fällenden Bäumen zur Weiterverarbeitung), mitten im Nutzwald, und sie überragen ihre Kollegen um einiges, soweit man das beim Aufblick vom Waldboden aus beurteilen kann, Wildpark- und Abenteuerspielplatz-Atmosphäre macht sich breit, ein Baumlehrpfad führt herauf und auf der anderen Seite des Zauns mit Überstieg sind Namenstäfelchen vor bestimmten Bäumen angebracht, eine offene Hütte böte bei Schlechtwetter Schutz, Jogger keuchen (ohne zu den Kronen auch nur hinaufzuschauen) vorbei, Forststraßen führen in diverse Richtungen, um den Stamm eines dieser Baumriesen (deren Samen der auch prähistorisch interessierte **Abt Dungel** von einer Amerikareise mitgebracht und wohl selbst gesetzt

hat) sind strahlenförmig 12 Bänke aus schmalen halbierten Stämmen angebracht, so daß man als größere Gruppe quasi auf den Radspeichen zu Füßen so einer BaumAchse sitzen kann (auch wenn sich das ganze Rondeau nicht karussellhaft dreht, sondern für Jahrhunderte stillsteht), und wer direkt am Stamm und also an der Naben-Rinde zu sitzen kommt, wird erstaunt wahrnehmen, wie leicht und luftig sich die Borke dieses Riesenbaumes anfühlt, der verständlicherweise nicht die Größe und den Stammumfang der tausendjährigen kalifornischen Redwoodexemplare erreicht hat (wie sie der unermüdliche Baum-Afficionado **Tomas Micek** als etwa 115 m hohe Exemplare in Kalifornien fotografiert hat), und man wird sich vielleicht erinnern, gehört zu haben, daß Geschäftemacher in den Anfangstagen ein solches Mammutexemplar in California geschält und die zum Hohlbaum zusammengesetzte Rinde zuerst in New York und dann sogar im Crystal Palace in London ausgestellt haben, mit mäßigem Erfolg, und um die Benennung dieser Baumarten wurde sowieso zwischen Engländern, Franzosen und Amerikanern bald nach der Entdeckung gestritten, Militärs, die den Baumriesen nie gesehen hatten, mußten als Namensgeber herhalten (Wellington), der Wiener Botaniker Endlicher hat die Gattung bereits 1847 möglicherweise nach einem Cherokee namens Sequoyah benannt, heute mit *Sequoiadendron giganteum* (auch wenn im Lateinischen Bäume, Flüsse, Wind/gewöhnlich Feminina sind), aus den festen Samenzapfen fallen ausnehmend kleine geflügelte Früchtchen als brauner Mittelstreifen eines goldgelben Nichts heraus, und ob man sie einfach in den Waldboden drückt oder doch zuhause im Topf erst vorzieht, um zu sehen, was da für ein Keimblatt möglicherweise herauskommt, bevor man es dem weitblickenden Abt Adalbert nachtut und den Schößling im geschützten Garten aussetzt, muß jedem Waldwanderer und Amateur-Arboristen anheimgestellt bleiben

Photosynthese (Liste)

.
.
.

Klatschbase
Verbrennungsgase
Angsthase
Schnapsnase
Oase
Diastase (bedeutet wörtlich: eine Spaltung, ein Auseinanderstehen, in der Physiologie: das Auseinanderstehen z. B. der Beckenknochen oder der geraden Bauchmuskeln, im Volksmund: Bierbauch genannt (prophylaktischer Merksatz hiezu: ›unterstütze dein Bindegewebe‹)
Ekstase (medikamentös, meditativ oder musikalisch induzierter Zustand des Außersichseins)
Hypostase (dauerhafter Bestand, auch von nur postulierten Seinsformen, z. B. des Heiligen Geistes in der Trinität)
Blumenvase
Kebse (Nebenfrau, Konkubine, Mätresse also Meisterin)
Krebse (zu den Krustazeen, siehe auch MauerAsseln im Trokkenen und ant-arktischer Krill als Biomasse im Meerwasser)
Kichererbse
Platterbse
Exegese (ist gleich: Auslegung)
Katechese (ist gleich: Unterweisung, die Katechumenen mußten beim OsterlichtEntzünden (lu-men Chri-sti) hinten im Kirchendunkel stehenbleiben)
These Antithese Synthese
Parenthese (meint Einschub, Schaltsatz, bisweilen weit ausholenden Klammerausdruck)

Hochdrucksynthese

Photosynthese: das ist, vereinfacht ausgedrückt: die Umwandlung physikalisch-elektromagnetischer Energie in chemische Energie mittels Blattgrün und weiterer Pigmentmoleküle in aktivierten sogen. ResonanzZentren: Oxidationsmittel entreißen dabei dem Wasser (H_2O) Elektronen und spalten es hiemit in Wasserstoff-Ionen und molekularen Sauerstoff, wobei die entrissenen Elektronen ihrerseits auf eine höhere Energiestufe angehoben und zuletzt auf eine Trägersubstanz abgegeben werden, so entstehen die 2 energiereichen Verbindungen ATP und NADPH, also AdenosinTriphosphat und Nicotinsäureamid-Adenin-Dinucleotid-Phosphat in reduzierter Form, diese beiden dienen im sogenannten ›Calvin-Zyklus‹ der Assimilation des Kohlenstoffs aus der Luft zu Kohlehydraten, z. B. in Zucker und Stärke:
also können sich Pflanzen mithilfe solcher (Photosynthese genannten) Umwandlung aus den 4 klassischen Grundelementen **Feuer** (Sonne), **Wasser** (H_2O), **Erde**, **Luft** (CO_2) rein anorganisch selbständig ernähren und gleichzeitig jene Nahrung produzieren, von der die anderen Lebewesen der Erde (Tiere, Menschen, Pilze und die meisten Bakterien) als Konsumenten und ›Destruenten‹ lebenserhaltend abhängig sind, zuförderst aber gilt unbestreitbar: LICHT ist die treibende Kraft der Photosynthese

Hypothese (Annahme, Unterstellung, unbewiesene Spekulation)

Weltentstehungshypothese (interstellar physikalisch oder mythologisch anschaulich, dabei wohl in gewissem Sinn auch unglaubwürdig)

Arbeitshypothese (etwa: daß alles, was man tagtäglich tut, schon für etwas gut sein wird)

Prothese (in Wallfahrtskirche zurückgelassene)

Biese (als abgesteppte Falte, umgebügelt)

Portugiese (siehe Blauer Portugieser, vorwiegend in Niederösterreich angebaute RebSorte)
Steinfliese (verfliest)
JammerLiese (auch JammerSuse)
Baumriese (Sequoia, Wundertanne)
Prise (z. B. eine Prise Salz, nämlich soviel, wie zwischen Daumen und Zeigefinger gehalten werden kann)
Holzriese (siehe Raxkönig und nachgebautes Endstück einer solchen über dem Scheiterboden hinterm Thalhof in Reichenau)
Bergwiese (ungemäht)
Blumenwiese (mit und ohne Heilkräuterbestand)
Moorwiese (Schachtelhalmdorado)
Herbstwiese (-zeitlose)
Kunstwiese (siehe Kunstrasen)
Blütenlese (Florilegium primum et secundum: 2 Suitensammlungen von Georg Muffat, knapp vor 1700)
Irokese (mit aktueller Haartracht)
Nachlese (ab 1. November sind alle Eßkastanien frei, nach dem Keschtnigl im Eisacktaler Feldthurns, samt höchstgelegenem Weinstock Südtirols)
Parthenogenese (ohne männliches Zutun)
Chinese (mit Tonsprache)
Anamnese (samt Gedächtnislücken)
Elektrophorese (dabei werden etwa die Eiweiße des Blutes zu diagnostischen Zwecken nach Gruppen getrennt)
Erzdiözese (siehe Archi-)
RadAchse
Angelsachse
Wolfsmilch- und alle anderen assimilierenden
Gewächse
.
.
.

Sappel
(aus der Feiner Schmiede am Pretulbach)

Spezialausdrücke nach dem historischen Feiner-Video (Franz Feiner war der Spezialist im Sappelspitzen), Nachfahrin Elisabeth Feiner hat sich mit Klaus Jerlich ein Haus oberhalb von Werkstatt und Museum hergerichtet)

Rohling, Flammel, Dorn, Öhreisl, Stange, Schneid, March, Schwanzhammer, Federhammer, Handhammer, Hammerführer, Bauer, SchrägSapin, Forstwerkzeuggrün

– der traditionelle steirische **SchrägSappel** wird heute nicht mehr hergestellt, u. a. auch weil der Vorgang für den Schmied zu gefährlich ist, aber der Sappel überhaupt ist nach wie vor eines der wichtigsten Werkzeuge bei der händischen Holzernte

die Arbeitsschritte des Schmiedens des Schrägsappels sind folgende:
– den Rohling im Schmiedeofen erwärmen, dann mit der Zange aus dem Feuer nehmen
– anschließend erfolgt das Lochnen des sogenannten Flammels (also des ca. 25 kg schweren Schmiedestücks) unter dem großen Federhammer
– aufdornen heißt: der Dorn wird eingeschlagen: es erweist sich dabei als besonders schwierig, das sogen. ÖhrEisl (für das Loch, wo der Stiel hineinkommt) durch das heiße Ei-

sen zu schlagen, dieser Vorgang wird meist zu zweit ausgeführt
– dann wird der Rohling vom großen Stück abgehackt und abgelegt
– anschließend wird der heiße Rohling wieder aufgestaucht, d. h. immer wieder wird das Stück am Koksofen gewärmt
– dann wird die Stange (also das gebogene Langstück des Sappels) ausgeschmiedet und die Schneid ausgesetzt
– das sogenannte March (Herstellungszeichen) wird eingeschlagen
– übrigens wurde auch der alte Schwanzhammer (jetzt in einem eigenen Schuppen jenseits des Baches) bei bestimmten Vorgängen noch in Betrieb genommen, wobei der sogen. Bauer (das Unterlegstück) vom Hammerführer untergeschoben wurde
– im kleinen Schmiedefeuer wird nun der Sappel mit dem Handhammer am Amboß gespitzt
– das Stück wird zum Härten in Öl abgeschreckt (in Wasser würde das Eisen zu spröde)
– und dann wieder angelassen, also neuerlich erwärmt, so daß genau die richtige Härte und Zähigkeit in der Stange des Sappels entsteht
– jetzt wird der Sappel am Drehschleifstein geschliffen
– anschließend geschmirgelt und poliert
– zum Schluß wird die schön aufpolierte Spitze in Farbloslack und das ganze Stück in Forstwerkzeuggrün getaucht sowie letztlich zum Trocknen aufgehängt

hier geht's zum Sappel-Shop: erhältlich sind dort heute 4 Spezialsappel:
1 der Halbkrainersappel (genannt Schrägsapin) um 115,20
2 der (schwere) Schlagsappel zu 193,20
3 der Fällsappel zu 121,20 und

4 der (leichte) Scheitersappel um 96.-
dazu kommt der jeweilige Sappelstiel von 16,80 bis 26,40
und die fachmännische Arbeit des Anstielens (samt Keil) beläuft sich auf 13,20

Sauwald (Innviertel)

der Sauwald (eigentlich Passauerwald) ist der größte südlich der Donau liegende Teil der Böhmischen Masse in Oberösterreich, als Plateaurücken zieht er sich von Passau und Schärding am Inn bis Eferding

Stichwörter zur Charakteristik:

- plateauartige Erhebung der böhmischen Masse südlich der Donau
- malerische Konglomeratformationen (Naturdenkmal), GranitSteinbrüche und Schottergruben
- hoher Waldanteil mit überwiegend Fichtenforsten, bewaldete Blockhalden und Felsköpfe, Buchen- und Eichen/Hainbuchenwälder sind hier selten und eher in Steillagen zu finden, es existieren auch Sumpfwälder mit Schwarzerlen, Tannenwälder treten vor allem nordseitig auf
- das Fließgewässernetz ist dicht und unreguliert, gegen Süden hin haben sich die Bäche in Kerbtäler eingegraben, am Plateau mäandrieren die Bäche und tragen Uferbegleitgehölze
- Kulturlandschaftselemente sind selten und wenn, dann nur lokal zu finden (zum Beispiel Heckenlandschaft bei Au, Gemeinde St. Roman)
- landwirtschaftlich wird das Gebiet als Grünland (Weiden) genutzt, Ackerbau ist kaum vorhanden
- es existieren noch Reste von Feuchtwiesen und kleine Moore, mitunter sind auch Teichanlagen vorhanden
- eine Zersiedlung gibt es nur rund um die Ortschaften

zur Leaderregion Sauwald-Pramtal gehören die Gemeinden Wernstein mit dem KubinAnsitz Zwickledt und Brunnental im Westen (als Heimatort der Literatur- und Kunstzeitschrift LANDSTRICH des Franz Hamminger), aber auch Zell an der Pram und Riedau mit dem Holzmuseum Lignorama, erwähnenswert auch der Holzleitbetrieb (die-holzwerkstatt.at) des Hans Hatzmann, die u. a. Kastenfenster nach Maß und neuestem Schallschutzstandard herstellt, im Bezirk St. Roman (genauer in Jetzingerdorf)

Sauwald-**Erdäpfel** besitzen aufgrund der besonderen Bodenbeschaffenheit sowie der klimatischen Verhältnisse, spezifischer Anbauverfahren von angepassten Sorten, optimaler Reife bei der Ernte und spezieller Lagerungsbedingungen ihr charakteristisches Aussehen und ihren exzellenten Geschmack, die besondere Bodenbeschaffenheit sowie die klimatischen Verhältnisse verringern die Gefahr des Auftretens von Kartoffelschädlingen und Kartoffelkrankheiten, ›Erdäpfel‹ ist die in Österreich weit verbreitete Bezeichnung für ›Kartoffel‹, in der Region Sauwald werden Erdäpfelsorten angebaut, welche ohne chem. Unkrautbekämpfung und Keimhemmungsmittel produziert werden, die Sorten umfassen Linzer Delikatess, Colette, Red Lady, Evita, Princess, Goldsegen und Freya, bei den Sorten Princess, Red Lady und Freya stammt das Pflanzengut aus eigener Vermehrung, für den Anbau der Sauwald-Erdäpfel darf ausschließlich ungebeiztes Saatgut verwendet werden, gentechnisch verändertes Saatgut kommt nicht zum Einsatz, die Erdäpfel und Erdäpfelbauern (mundartlich ›Wallner‹) finden außerdem im sogenannten ›Innviertler Gstanzl‹ (einer österreichischen Liedform) Erwähnung, das Gstanzl wurde vom k.k. Postmeister Georg Würdinger 1910 erstmals dokumentiert, doch ist anzunehmen, dass es wesentlich älter ist, das Wort ›Wallner‹ geht auf das Wort ›Wald‹ zurück und bezeichnete die Bewohner der Region Sauwald

nicht unerwähnt bleiben sollte das **Inntönefestival** des Paul Zauner in Diersbach mitten im Sauwald sowie die Sauwaldprosa von Uwe Dick, Franz Stanislaus Mrkvickas 20 **Sauwaldbilder** auf Fabriano Design sind alle querformatig und zeigen 6 kahle Baumpersönlichkeiten, aber auch Fernansichten in die Gegend und stimmungsvolle Details von traditionellen Holzbauten

Schimmelsprung (Waldviertel/Itinerar)

wer die Begleithänge und Seitengräben des Kamptals erkunden möchte, auch wenn er sich nur den verlärmten unteren Abschnitt des mäandrierenden Flußbettes vornimmt, mit seiner elegant eingleisigen Bahnlinie ohne Oberleitung (und mit deren Gitterbrücken als Landschaftshäusern, wie sie von Friedrich Achleitner genannt wurden), wobei die Bahn, von Sigmundsherberg über Horn kommend, bald dem Flußlauf folgt, von Altenburg-Steinegg (west-ost) und dann von Rosenburg (nord-süd) hinab bis nach Zöbing-Heiligenstein, wer also solches erkunden möchte, kann folgende Ziele anpeilen: Bründlleiten und Ödes Schloß hinter Wanzenau, Umlaufberg und Rauschermühle unweit der Rosenburg, Schöntalgraben und Sacherbachwald bei Stallegg/Kamegg, Höllgraben und Tabor, weiters Goldberg 1 und Maierscher Berg sowie Schanzberg und Hamerlingwarte nahe Gars/Thunau, Wachtberg mit Beispielen für *Kunst in der Natur*, Heidlgraben und Schafberg seitlich von Buchberg am Kamp, Dötzbach und Stritzelberg nahe Oberplank und Plank, Taschenleiten und Goldberg 2 bei Altenhof, oder gar die ausgiebige Gehstrecke über den Tiefenbach oder von Fernitz wegsuchend bis auf den vierteltrennenden Manhartsberg selbst zu (mit seinem unausgeprägten Gipfel und ebensolchem unspektakulären Ötscherblick), weiters Hungerfeld und Hora-Mitterberg bei Stiefern, Klopfhartsberg, Irbling, Kalvarienberg und Renner über Schönberg, Buchtal, Schonenburg und Hohlenstein in Richtung Schönberg-Neustift, Kogelberg und schließlich Kamptalwarte überm Zöbinger und Kammerner Heiligenstein sowie die Langenloiser und Kammerner Riede mit ihren schönen Namen: Käferberg, Bockshörndl, Lamm und Geistberg, die bereits ins Hügel- und Flachland von Gobelsburg, Hadersdorf und Grafenwörth und also an den untersten Kamp samt Mühlkamp mit seinem gleichnamigen Ort Kamp am Kamp (recte Kamp am Mühlkamp) hinausführen

einer der markantesten Begleitfelsen des krummen Flusses ist der Schimmelsprung im Ortsgebiet von Thunau gegenüber Zitternberg, und sein Name verweist sogleich auf jene parallele Prager Sagenerzählung vom Vyšehrad, wo ein diesseitiger Ritter (Horymír) mit seinem weißen sprechenden Roß (Šemík) vor der drohenden Hinrichtung aus der Burg über die Felskante hinweggesprungen und im Tal der Moldau heil gelandet ist, welcher Sprung (Horymír auf Šemík) in der Folge auch zu seiner (Horymírs) Begnadigung geführt hat, während der TeufelsbundRaubritter vom Kamp vor den erzürnten und schon übermächtigen Belagerern samt seinem Schimmel ähnlich springend unten zerschellt sein soll, wobei andere derartige übermäßige Sprungreiter wie entrückt gleich im Jenseits und im Reich der Sage angekommen sind (ohne etwelche Kadaver zurückzulassen), was übrigens heute im Jahrmillionen alten Kamptal viel irdischer und prosaischer vorkommen könnte), wenn etwa ein Selbstmordwilliger im Traktor auf so eine Felskante mit schöner Aussicht losrast und vorm Abbruch zu bremsen unterläßt und also samt Gerät im Buschwerk des darunterliegenden Steilhangs (erlöst) zu liegen kommt, von wo er durch Hilfskräfte, die den Lebensmüden wohl bei Lebzeiten leibhaftig gekannt haben, mühsam und unter Gefahren weggeräumt werden muß, wie das vor nicht allzu langer Zeit geschehen sei

Ausgangspunkt für den Aufstieg zu Schanzberg und Schimmelsprungfelsen könnte die unterste Kampbrücke Gars/Thunau sein (BITTE REIN, BITTE NEIN, keine Ruhe in der Truhe, ohne Gerechtigkeit kein Frieden, Kindertagesgruppe Sonnenschein, Heizkostenzuschuß, ich fühl mich so leer, 435. Garser Bürgerrunde feiert 350 Jahre hl. Leopold Landespatron im Gasthaus Klachl am Schloßberg, wieviel ist das in Schuhen: fragt die Schauspielerin Katharina Stemberger elegant auf dem Plakat von *la pura*, einen Pumps vor sich herhaltend), dieser Brückenkopf ist ein günstiger Startpunkt für den Aufstieg, zumal sich dort rechtsufrig auch ein 30-Stellplätze-Parkplatz anbietet (vom Bahnhof Gars/Thunau retour in wenigen Minuten zu Fuß erreichbar) und somit eine Rundtour über die Ausgrabungen der befestigten Slawensiedlung sowie zum eigentlichen Schimmelsprungfelsen und über den südlich gelegenen Graben im Bogen zurück seitlich am Bahndamm kampaufwärts möglich ist, das heißt ein 2, 3 StundenAbstecher ins nahe Abseits mit Rückbindung zum tiefen Kampgraben und hinauf zu einem geschichtsträchtigen einstigen Siedlungsort, unter der Grasnarbe ehemals bestellter Felder verborgen

man bewegt sich also in Sichtweite der Gertrudskirche (mit ihrem eingezogenen Haubenturm und freistehenden Rundkarner, Besuch des heiteren Leopoldfrescos über dem Kirchenhaupteingang auf nächstesmal verschoben) sowie von der Babenberger Burgruine (mit ihren Sommertheatersitzreihen) hinten am Hügel weg in südliche Richtung (eine sichere Orientierung ist am Kamp angesichts der vielen Talwindungen ohnedies schwer zu halten) und läßt auch den Hirschbachgraben sowie die Straße nach Donnerreith rechts liegen, folgt vielmehr abseits der engen Kurve (Siamkatze balanciert äugend am Dachfirst gegenüber) den blauen Marken des Touristenklubs in die abzweigende Goldbergstraße hinein, wo man sogleich Gelegenheit hat, die unterschiedlichsten Sommer- und Dauerhäuser in Augenschein zu nehmen, es sei denn, man würde im Frühjahr von der Gärten Blütenpracht und im Herbst von einzelnen orangefarbenen Lampionsblumen (Physalis verwildert) am Lößhang abgelenkt, da hört man vielleicht, wie das Fallobst von Hand oder mit Schaufel in eine blecherne Schubkarre geworfen wird und anschließend auf dem Komposthaufen landet, weil man sich auch hier nicht die Mühe machen kann oder will, die halbfaulen und wurmigen Äpfel auszuschneiden, um eine übergroße Menge an Kompott, Mus, Apfelkren oder Maische für Obstschnaps vorzubereiten, während in anderen vernachlässigten Gärten das Obst noch an den Ästen der Bäume überreif rotbackig hängengeblieben ist, unten war auf einem Achtung-Schild die *enge Kurve* und auffällig eine *psychotherapeutische Praxis* (Theresia Weinschenk) angezeigt, man streift Garagen- und Carport-Zufahrten, passiert Tore in Stützmauern, Stiegenauf- und -abgänge hinter Zäunen zu Minigrundstücken (Liegenschaft zu verkaufen: Gars und Umgebung gilt wieder als durchaus akzeptabel, wenn nicht gar respektabel, ein Künstlerpaar hat sein Haus im Burgschatten, von 2 Zypressen flankiert – eine davon ist mittlerweile umgestürzt – auf Fotoanzeige hin erworben und anschließend gründlich instandgesetzt, Anne und Otto), man sieht Kleinvillen aus der vorigen Jahrhundertwende mit ihrem charakteristischen Rustika-Eckputz und gerät dann unvermittelt an ein größeres Haus mit Bahnschrankenzugang (weit und breit keine Schienen zu sehen) sowie Lautsprechertrichter auf großem Keramik-Isolator, wie man solchen von Überlandleitungen kennt, wohl eines Bastler-Erfinder-Hausherren Werk, der vielleicht jahrelang in der Stadt gearbeitet hat und sich jetzt in seiner Heimatgegend einen Burschentraum erfüllen konnte, von oben schaut auf selbigem Grundstück ein Glasgartenhaus atelierhaft herunter, oder ist es nur die Winterüberbauung eines ebenso konsenslosen Swimmingpools, doch dann ist auch schon der Wendeplatz der Sackgasse vorm Stangenwald erreicht, mit der frischen Tafel: Befristetes jagdliches Sperrgebiet, samt Datum und Uhrzeit

den Waldgraben hat man jetzt auf einem ansteigenden feuchten Fuhrweg betreten, welcher nach Linkskurve weiter oben an zwei Marterln (links alte Heilige Familie: Josef mit geschulterter Axt, rechts neuer Kruzifixus) in einen plattenbefestigten Karrenweg nach Art der Römerstraßen übergeht, einen Halbhohlweg mit beidseitigen KlaubsteinhaufenWällen, von welchem eichenlaubbedeckte Stichwege in die diversen Hangwald-Areale hineinleiten, teils überwuchert oder durch Fallstämme versperrt, an der Abzweigung geradeaus führt der sogen. *Wurzelsteig* rot markiert nach Tautendorf aufs eigentliche Waldviertler Plateau weiter, während im Linksbogen bei verwachsener Bank *Ausgrabungsschanze* und *Schimmelsprung* angeschrieben sind, man sieht: feuchte FlußtalVegetation, bemoosten Granit, mag sein eine bisweilen laubnasse Rallye-Strecke (EnduroSpur deutet darauf hin), ringsum unaufgeräumten Hainbuchen-Eichen-RobinienWald, vereinzelt Lianen, weit ist das alles nicht, wirkt bisweilen sogar miniaturisiert, und schon hat man die erste Felskanzel (ohne Geländer) mit RückBlick auf den Hauptort (Gars) erreicht, mit efeu- und kiefernbewachsenem Felsabbruch sowie Rückblick auf Ruine und Kirche St. Gertrud, gegenüber der Hügel der Hamerlingwarte, mit Tiefblick in die KamptalBahnkörperSchlinge samt Wehr, Herrenhaus, altem Fabriksgebäude (vielleicht Mühle) und neuem platzgreifendem IndustrieAreal (ex-Elektronikfirma Haeusermann WE COMPLETE COMPETENCE, jetzt KSG Austria der KSG Leiterplatten Gornsdorf), aus welchem anhaltende

Entlüftungsgeräusche heraufdröhnen, im Mittelgrund die Häuserzeilen von Zitternberg (AntiquitätenEckhaus, Künstleratelier Savio: STÄNDIGE PRÄSENTATION) und direkt unten ganz nah an der Felswand die zerbrechlich-zarten Hausdächer der alten und neuen Sommerfrischenhäuser mit ihrem je eigenen KampflußZugang

knapp vor dem genoppten Granitbuckel wurde in jüngerer Zeit so ein schmal überdachtes Kreuz aufgestellt: Holz auf Betonsockel, unten mit Schotter und Steinen quadratisch umgeben, oben ein ofengoldfarbener Kruzifixus, u. z. nicht angenagelt, sondern durch die Handflächen hindurch angespaxt, im Holz die Initialen J.Z. 2004 und R.S. 2012 eingebrannt, seitlich davon verkündet die ErlebnispunktTafel Nr. 7 (im Kulturpark Kamptal zum Thema Mittelalter und frühe Neuzeit) den Sitz eines slawischen Fürsten: die große slawische befestigte Höhensiedlung auf der Schanze und Holzwiese liegt/lag am östlichen Rand des Gföhler Waldes hoch über dem rechten Kampufer auf einer Fläche von ca. 15 ha und ist als archäologische Fundstelle seit 1800 im Schwange (Krahuletz und Höbarth sind die bekanntesten Namen früher Forscher und Ausgräber), aber erst seit 1965 steht dieses Areal unter der Obhut des Instituts für Ur- und Frühgeschichte der Uni Wien (Herwig Friesinger et alii/aliae), und man mag sich an die ersten Grabungen vor Ort und das Scherbenwaschen sowie Zusammenstellen der Bruchstücke im damals Neuen Institutsgebäude hinter der HauptUni in Wien erinnern, zu dem Studenten und Hilfskräfte herangezogen wurden, in einer Zeit, als im Hörsaal 1 darunter die sogenannte Uni-Ferkelei der Wiener Aktionisten vor sich ging, wobei die keineswegs revolutionär gestimmte Urgeschichts-Institutsleitung gern einen geschlossenen Protest gegen diese Entweihung akademischen Bodens organisiert hätte die ersten slawischen Siedler sind wohl von Norden oder Nordosten im 8. Jhd. hier angekommen und sie errichteten im 9. Jhd. befestigte Siedlungen, wovon man sich anhand einer 1:1-Rekonstruktion mitten im Waldriedel überzeugen kann, nämlich einem Holztor mit gebauchten beidseitigen Steinflanken (450 Millionen Jahre alte Granulitplatten von Steinegg wurden dazu hieher geflößt und heraufgeschafft), mit mannshoher Brustwehr und hölzernem Turmaufbau (von dem auch nicht wirklich über die Baumkronen hinweg gesehen wird), den Wallkörper selbst aus ausgebrannten Holzkästen in Blockbauweise mit aufgehendem Mauerwerk und Granitfüllung seitlich kann man nur erahnen, auch die Reste einer Kirche sind nach dem Vorbild der anderen ähnlich angeordneten mährischen Herrenhöfe (Burg in der Burg) inzwischen gefunden worden, und daß die vom Donauraum nach Norden vorstoßenden Babenberger diese slawische Fürstensiedlung 1041 zerstört haben, gilt als nahezu gewiß

schon wieder ein ofengoldfarbener spaxgeschraubter Christus auf diesem (scheint's) privaten Kreuzweg: zum Gedenken an Erich Rieder, hier verstorben am 26. Dezember 2002, Weidmannsheil: Deine Jagdkameraden (gilt nicht auch noch der StephaniTag wie Weihnachten und Karfreitag als absolut jagdfrei, ansonsten frevelhaft), samt Futterkrippe, kleinem Hütterl und Weihnachtsschmuck an den dürren untersten Ästen einer nahen Fichte, das Gräberfeld der Fürsten von Thunau im Herrenhof wurde erst 1990 entdeckt und Negativ Abgüsse der Gerippe samt beigelegtem Schwert wurden angefertigt und fotografiert, in den beigabenreicheren Frauengräbern lagen Silber- und Gold-Ohrringe byzantinischen und karolingischen Typusses, zentral wurde eine eisenbewehrte und mit Schloß versehene Truhe und darin wurden die sauber geschlichteten exhumierten Reste eines erwachsenen Mannes gefunden (es schien also für die Neusiedler wichtig gewesen zu sein, GarantieKnochen aus der ehemaligen Heimat mitgenommen und am neuen Wohnort deponiert zu haben), die weniger bedeutenden Clanmitglieder wurden knapp unter der Erdkrume begraben und deren Femuren kamen nicht nur bei Ausgrabungen, sondern bereits beim Aufackern da und dort zum Vorschein

ist man nicht schon unten auf dem Wandsteig direkt zur Ruine Schimmelsprung (blau) hinübergequert, kann man jetzt von oben (von der TorRekonstruktion her) kommend sehr wohl der Riedlkante folgend und wo nötig seitlich (besser nach rechts) in die Waldflanke ausweichend weglos bis zur äußersten Kuppe vorm Steilabbruch zum Kamptal hinabsteigen, an Schlehenbüschen und Felsformationen vorbei, zu einer Senke vor dem eigentlichen Burghügel, der wieder rechts auf ausgetretenem Pfad umgangen wird, womit man sich im stellenweise wiederhergestellten Burggelände befindet, mit charakteristischem Mauerbewuchs wie wärmeliebendem Quendel und gestauchten Rotkiefern, mit Durchgängen durchs halbe Mauerwerk und Aufstieg zum höchsten Punkt (vielleicht ehedem Pallas), wo frühsommers unvermutet ein Exemplar einer Gottesanbeterin zwischen Steinwerk und Pflanzenbewuchs auftauchen kann (und auch wenn man dieses mythische Insekt hier zum erstenmal zu Gesicht bekommen haben sollte, wird man es aufgrund des charakteristischen Kopfschildes (beweglich) sogleich erkannt haben und einen Schritt zurückgetreten sein)

auf der Mauer weiter vorne wird wieder die Tiefsicht ins Kamptal frei, flußabwärts bis zur barocken Gnadenstuhlgruppe am unteren Ende von Zitternberg und ins Weideversuchsfeld des Überschwemmungsgebiets, doch auch die ersten Häuser des Fleckens Buchberg sind von hier bereits zu sehen, während sich das dortige bemerkenswerte Neu-Kunst-Schloß (des Ehepaars Dieter und Gertraud Bogner) hinter einer Geländefalte verborgen hält, gewiß: auf dem Weiterweg in südlicher Richtung durch den Wald wäre ein Bergstock wohl nützlich und man könnte sowieso gleich zu einer bequemen ZwieselEiche abzweigen, um in der Nut stehend die eigene Aura durch natürliche Wiederaufladung zu verbessern und ein trockener Parasolhut ließe sich vielleicht auch noch einheimsen, bevor man im spitzen Winkel oder direkt durch den Steilwald bergab den dortigen Talgraben zu erreichen suchte, wo nach einem Rinnsalübergang ein Fuhrweg zu jenem ummauerten Gebäude am unteren GrabenEnde hinausführte, in dem die schamanistischen Heilpraktiken drinnen wie draußen (etwa unter einem Jurtengestell oder in einem schwarzen Kellereingang) ihr wohl nur herbstens düsteres psychotherapeutisches Betätigungsfeld gefunden haben könnten, bis an einer Kapelle der Rückweg kampaufwärts erreicht ist, den man unter übergroßen buckligen Granitwänden (die schwarzgrauglatt wie abgeschlagener Flintstein oder gespaltenes Nußholz herunterdrohen) rasch hinter sich zu bringen angehalten ist

auf dem Rückweg durch die Schimmelsprungstraße (auch sie hat an ihrem Ende/jetzt Anfang einen unasphaltierten Wendeplatz für die Sackgassenautos) führt ein UnterführungsGang direkt unter dem Bahndamm durch und ans unablässig rauschende Wehr des Flusses heran (ein Holzthron und eine gewöhnliche Parkbank stehen auf Wiesengrund für Ausruhbedürftige bereit), und auf der Giebelseite des Gebäudes am anderen Ufer ist bereits die übergroße Aufschrift CON IL PESSIMISMO DELLA RAGIONE, CON L'OTTIMISMO DELLA VOLONTÀ erschienen (und man ist sich nicht sicher, ob das ein Überbleibsel aus dem Parolenschatz des italienischen Futurismus der 20er-Jahre ist oder doch ein Appell des Antonio Gramsci aus dem Gefängnis heraus oder gar die Selbstermächtigung künstlerischen Tuns überhaupt), während eine männliche Figur in leuchtendem Arbeitsanzug mit dem nervend lauten SelbstschiebeRasenmäher eine viel zu große Wiesenfläche bearbeitet und von Zeit zu Zeit das Mähgut aus dem Sammelbehälter an einer Steilstelle über die Kampleiten kippt (in etwa Gramscis Empfehlung bedenkend: *man muß nüchterne geduldige Menschen schaffen, die nicht verzweifeln angesichts der schlimmsten Schrecken und sich nicht an jeder Dummheit begeistern: Pessimismus des Verstandes, Optimismus des Willens*)

ps.: während der sagenhafte Schimmelreiter als wilder Jäger der Adventzeit und der 12 Rauhnächte (bisweilen ohne Kopf mit einer Hundemeute detto ohne Köpfe) durch die Gegend sowie durch die Theodor-Stormsche Novelle jagt, hat das QuerEinsteiger-Biobauernehepaar Elfi und Gottfried Neuwirth aus Wanzenau einen seiner MehrMilchsorten-Camemberts (Ziege-Schaf-Käse) nach dieser Sagengestalt benannt und man konnte die kleinen Laibchen des *Wanzenauer Schimmelreiters* fein verpackt freitags am Horner und samstags am Garser Viktualienmarkt neben Schaf- und Ziegenfrisch- sowie Reifkäse wohlfeil erstehen (siehe auch den Dokumentarfilm über diese beiden Kamptaler Biopioniere von Othmar Schmiderer unter dem Titel: DIE TAGE WIE DAS JAHR 2019)

Tanne/Fichte

im Weihnachtslied *O Tannenbaum* irritiert der Ausdruck: ›Blätter‹, Unsicherheit herrscht historisch auch in der Nomenklatur zwischen Fichte Weißtanne Lärchentanne Harzfichte und Kiefertanne, die einstmalige Rottanne heißt heute: **gemeine Fichte** (*Picea abies*, nicht mehr *Pinus abies*), die sprichwörtlichen Tannenzapfen (diese aufrechtstehend und niemals als ganzes am Boden auffindbar, nur als Schuppen) sind aber gewöhnlich Fichtenzapfen, diese nur in jungen Jahren aufrechtstehend, später hängend und bis August grün, meist erst nächstes Jahr am Boden liegend (als ein Wunderwerk an Regelmäßigkeit) oder vorher vom Vermehrer für die sogenannte *Klenge*, die ForstsamenDarre und für die Samenbank gepflückt, oft liegen um die FichtenStämme am Waldboden (*im dunklen Tann*: wie man poetisch sagt) aber auch in großen Mengen abgebissene handliche WinterZweige: Eichhörnchen haben sich an den energiereichen Pollen (erdbeerförmig sind die männlichen Blüten) gütlich getan und die weiblichen (dann purpurroten) Zäpfchen an den abgeworfenen Fichtenzweigen unberührt gelassen (übrigens: 7 Jahre bleiben dieselben Fichtennadeln an ihrem Zweig!)

ein weiterer Nadelbaum: die in Nordamerika heimische **Douglasie** (*Pseudotsuga menziesii*) kann als Einzel- oder Alleebaum mit hohem Alter und beeindruckender Borke punkten (gibt dort punktiert orangen-süßen Harzseim ab), Douglasien gehen eine MykorrhizaSymbiose mit dem Zweifarbigen Lacktrichterling ein, was bei den Keimlingen eine

Verdreifachung der Biomasse bewirken kann, bei dicht gesetzten unempfindlichen Nachwuchsbäumchen mit schnellem Aufwuchs (und unterbliebener Fegung durch Rehböcke im März und April) ergibt sich bald eine unschön trostlose IndustriewaldAnmutung dieser jung etwas farbstumpfen, aber anspruchslosen, aber dürreresistenten Douglasie, die **Weiß- oder Edeltanne** dagegen reagiert sehr empfindlich auf Luftschadstoffe, die Kinder begeisternde Bartflechte an Nadelbäumen gilt als verläßlicher Reinheitsanzeiger, zur tausendjährigen **Wundertanne** unter den Mühlsteinwänden hinter der Glasenbachklamm (nur mehr auf historischem Foto vorhanden, botanisch gesprochen: eine Kandelaberfichte), zu dieser merkt der Zeitgenosse Franz Fischer (in seinem Buch: *Der Bergschlipf bei Salzburg*) an, daß es sich um den viertgrößten Nadelbaum Österreichs handelte, welcher in Brusthöhe vier Männer zum Umspannen brauchte (und über den auch in Raoul H. Francés Buche »Vom deutschen Walde« allerhand zu lesen stehe, unüberprüft), Tannenmenschen (also Jänner- und JuliGeborene) bestechen durch kultiviertes Auftreten, weißwaschende ladinische *Vivanen* (das sind amazonische Geisterfrauen aus den südtiroler Dolomiten, siehe auch deren Murmeltierkönigin *Dolasilla* mit ihren unfehlbaren Zauberpfeilen), diese *Vivanen* können Tannennadeln in Gerste verwandeln, der antike Held Pentheus beäugte und belauschte die Bakchen (also die Bacchantinnen, auch seine Mutter Agaue schwärmte unter ihnen) aus einer dichten Tanne heraus, diese wurde gefällt und der mit einem Tier verwechselte Held wie ein solches von den begeisterten Frauen zerrissen
monokultureller Leitspruch: willst du deinen Wald vernichten / pflanze nichts als Fichten

terra preta

(portugiesisch, ursprüngl. aus Brasilien, weltweit fruchtbarste Erde)
Humusaufbau-Projekt Kaindorf unter der Marke *Sonnenerde* seit 2007, ist kein klassisches Kompostwerk, sondern hat 25 verschieden strukturierte Erden, auch speziell für Bäume in der Stadt, entwickelt (mit dem highlight Bioschwarzerde), wurde 2012 mit dem Klimaschutzpreis ausgezeichnet
(Daten nach Schrefler/Gössweiner 2021)

es handelt sich um Bioschwarzerde ohne Torfzusatz und sie zählt zu den fruchtbarsten Erden der Welt: Grundlage für diese Erde ist die Holzkohlekompostierung, nach dem Vorbild der indigenen Bevölkerung Südamerikas, die Steirer haben eine original terra preta aus Brasilien bekommen und sie mikrobiell analysiert, es geht dabei um Biokompost, der auch im Biolandbau genehmigt ist, d. h. reiner Baum- und Strauchschnitt (geschreddert) plus Bioschlemmasse (Milchschlamm aus der Molkerei als Nährstoffträger), im richtigen Verhältnis Kohlenstoff/Stickstoff aufgesetzt, 20 Volumprozent hochwertige Pflanzenkohle kommt hinzu, dann 10 vol% silikatisches Gesteinsmehl, kleiner als 10 Mikrometer gemahlen (das muß sich zwischen den Fingern schmieren, man darf dann keine Körnung mehr spüren), das ganze durchmischt, Kalkgesteinsmehl wäre kontraproduktiv, dieser Kompost wird frisch aufgesetzt und zweimal umgedreht, er erwärmt sich auf 60–65 °C (dadurch wird die Masse hygienisiert und es werden die Unkrautsamen ausgeschaltet), nach der Abkühlung kommen die nächsten Zusatzstoffe dazu, nämlich 10 % Lehm (je schmieriger er sich anfühlt, desto mehr Tonanteil enthält er), nach 4 Wochen ist der Kohlekompost abgekühlt und nach 8 Wochen fertig, jetzt kommen noch 3 Teile lehmiger Sand hinzu sowie Ziegelsplitt in der Körnung von 4 bis 8 mm, der sogenannte e-Wender durchmischt das ganze, der fertige Kompost ist 1 Jahr alt, diese Schwarzerde riecht intensiv nach Pilzen, ein typisches Zeichen für ihre Fruchtbarkeit, dieses Humusaufbauprojekt ist arbeitsintensiv und dementsprechend teuer, es beruht auf dem Prinzip, daß ein Teil jenes Kohlenstoffes, der zuvor in lebenden Pflanzen gebunden war, nach deren Ableben unter Beimengung von Kompost in stabile Humusstoffe (Humine) gewandelt wird, anstatt zum Schaden der CO_2-Bilanz in die Atmosphäre zu entweichen

Tornados Spur (Itinerar)

nach einer Routenbegehung (mit Alois Holzer, Peter Gruber und Hans-Peter Wolf am 22.5.2017)
vom Bahnhof Waldegg bis nach Bad Fischau (als Teil des erschlossenen durchgehenden Schadenspfads vom 10. Juli 1916)

Titus ***Lucretius*** Carus: *de rerum natura* (ca. 60 v. u. Z., übertragen und kommentiert von Klaus Binder 2014, 6. Buch, 423)
… was die Griechen prester (Wirbelwind) nennen: aus der Höhe herab fällt es aufs Meer. Manchmal senkt sich nämlich eine Art Säule vom Himmel zum Meer herab, um die herum unter heftigen Windstößen die Wasser zu brodeln beginnen. Werden Schiffe von diesem Aufruhr erfaßt und umhergeworfen, geraten sie in äußerste Gefahr …
Manchmal aber hüllt sich der Wind wirbelnd in Wolken, fegt aus der Luft Wolkenkeime zusammen, gleichsam imitiert er so den prester, der sich vom Himmel herabsenkt. Stößt dies Gebilde auf festes Land hinunter und wird dabei aufgelöst, speit es die gewaltige Kraft des stürmischen Wirbels aus. Weil dies überhaupt nur selten geschieht, weil auf dem Land zudem stets Berge den Blick verstellen, ist dies Phänomen über der See häufiger zu sehen, denn dort ist der Horizont weiter und der Himmel offen …

bei dieser Brücke über die Piesting (oder unweit westlicher) dürfte sie losgegangen sein, die vermutliche Zugbahn, und ihr Beginn zwischen Vorderem Mandling und Vorderer Hoher Wand könnte auf dem entsprechenden Kartenausschnitt eingezeichnet werden, nicht überall kann man diese Tornado-Bahn genau rekonstruieren, sie macht auch Ecken und Schlingen (Schleifen wäre zu viel gesagt), gerade wie mit dem Lineal gezogen war sie wahrscheinlich nicht, ein Tornado reagiert ja sowohl auf die Abwinde (*downbursts*), auf diese Gewitterfallböen von oben, als auch auf Charakteristiken im Gelände, das ja hier sehr verengend ins Tal hinausläuft

es ist überhaupt ganz ungewöhnlich, daß ein Tornado in so einem komplexen Gelände wie hier im südlichen Wienerwald (in den Voralpen) damals so lange (über Kilometer hinweg) überlebt hat, und es kommen im eigentlichen Alpenbereich auch kaum Tornados vor, ausgenommen ganz kuriose Fälle, z. B. am **Neubau beim Rauriser Sonnblick,** wo bei der Neubauhütte, die in den 90er-Jahren renoviert wurde, ein Baucontainer stand und die 2 anwesenden Bauarbeiter plötzlich ungewöhnliche Geräusche in der Nähe wahrgenommen hatten (ein Scheppern von Steinen und ein Sausen und Brausen in der Luft, die Steine fingen zu tanzen an und bewegten sich auf und ab, unglaublich: sogar eine größere Steinplatte wurde in die Höhe gehoben), es entstand ein kleiner Tornado bei aufziehendem Gewitter, wobei seine Wirbelsäule genau auf diesen Baucontainer lossteuerte, in dem die Arbeiter vorm beginnenden Regen Schutz gesucht hatten, und diesen hat er erfaßt und schließlich zum Hinunterkollern gebracht, glücklicherweise kam er nach zweidrei Überschlägen vor der Steilstufe (genannt Maschingraben) zum Stehen und es ist nichts Gröberes (als ein Handbruch) passiert, auch aus den **Kitzbüheler Alpen** wurden Kleintornados gemeldet, sonst ist es so, daß diese Strömungen, die sich einmal in Ruhe entwickeln müssen, um diesen Wirbel zu formen, durch die Berge gestört werden, denn wenn der Wind drüberströmt, ändert sich das hinter jeder Ecke, dann draußen im Flachland vor Wiener Neustadt ist so eine TornadoEntwicklung weniger überraschend, daß er sich bereits im Piestingtal so gut entwickelt hat, dürfte ein Zeichen dafür sein, daß in der darüber gelagerten Gewitterwolke ein massiver Aufwind vorhanden war

(gegenüber anderen Vermutungen hat sich der Tornado damals nicht am Schneeberg, sondern genau um Waldegg-Peisching entwickelt, auch den Indizien der ersten Schäden nach zu schließen)

woran hätte man damals erkennen können, daß sich gerade ein Tornado bildet?
– an der starken Drehbewegung der Wolkenunterseite, dem sogenannten Gewitterböenfrontwirbel (*Gustnado*), bevorzugt am Südrand des heftigen Gewitters
– an der Ausbildung eines Wolkentrichters, Wolkenrüssels oder Wolkenschlauches an der Wolkenunterseite
– an den sich dabei bildenden Wolkenfetzen und StaubAufwirbelungen (die oft fälschlich als Rauchentwicklung angesehen werden)
– am starken Brausen bei Annäherung
– an Lichtblitzen, die bei Stromfreilandleitungen durchs Zusammenschlagen von Leitungen verursacht werden (solche hat es selbstverständlich damals noch nicht gegeben)

HOTEL GASTHOF G. OTT (mit klassischer Rustika-Eckgestaltung und nach wie vor sehr nobler vertäfelter Gaststube, wobei es fast so aussieht, als könnte jeden Moment der Dichter Ferdinand Raimund bei der Tür hereinkommen)
WALZMÜHLE KARL KOLLITSCH mit Hochwasserschutz vorm Haus, weil da die Piesting vorbeifließt und man damit wie in der Wachau das Hochwasser draußen halten kann, allgemein: die historischen Industriebauten waren sehr formschön gestaltet
TRAUDL HIRNTALER ECK (man sieht diverse Prellsteine seitlich an den Eingängen und die obligaten Koniferen in den Vorgärten, da muß es einen überzeugungsstarken Gartengestalter und Strauchhändler gegeben haben, man könnte auch

von einer grassierenden ›ThujenPest‹ sprechen, deren Wurzeln übrigens schwer auszugraben sind und deren Holz auch noch beim Verbrennen unangenehm stinkt
GASTHOF KAISER (als WALDEGGER KUCHL wiedereröffnet, hatte bislang nach Auskunft von Hans-Peter Wolf einen sehr schönen Gastgarten) Neueröffnung 3. Juni 2017, ISABELLASCHENKE ZUM KAISER (nebenan steht noch ein klassisches Puch-Postmoped drin, und da ein solches Original unter 50 kg wiegt, konnte man es früher sogar günstig mit der ÖBB wie ein Fahrrad über weitere Strecken transportieren lassen, um es am Zielpunkt zu besteigen)
OSKAR HELMER GASSE, ROCHUSKAPELLE in Peisching-Brand (mundartlich *beim Rochölli* genannt), für die Toten der Pestepidemie 1679, der Heilige zeigt seine Wunde am Bein, am Schulterumhang trägt er zwei Muscheln zum Wasserschöpfen und eine TrinkFlasche zum Befüllen (Pilgerutensilien)

der Weg führt unter der Brücke der Gutensteinerstraße durch, wo die neuen Mopeds regengeschützt parken, der Spitzwegerich ist bereits gut entwickelt und wäre schon zur Herstellung von Hustensaft brauchbar, aber auch als Abwehrkraut gegen unerwünschten Liebeszauber, gegen nicht abzuschüttelnde Liebesergriffenheit geeignet und wirksam, es gibt bekanntlich den Spitz- und den Breitwegerich, sogar einen mittleren, diese hartnäckige und genügsame Ruderalpflanze gedeiht sogar auf scheinbar humuslosem Schotterboden

der besagte 10. Juli 1916 soll ein richtig heißer Sommertag gewesen sein, die Luft sei (wie man sagt) ›gestanden‹, mit einem klassisch gewittrigen Nachmittag, auch die Wetterstationen der Umgebung haben immer wieder mal Gewitter am Nachmittag gemeldet, man erhoffte endlich Abkühlung und wartete sozusagen auf Erlösung von diesem schwülwarmen

Tag, dem war aber nicht so: nachdem kurz einmal der Wind geblasen hatte, war das Gewitter gleich wieder zu Ende und hat sich das massive Hauptgewitter oder wie es heute in der Meteorologie heißt: diese **Gewitterzelle** (die den Tornado bildet) in diesem Bereich formiert, vor allem schwüle Luft ist natürlich notwendig, um als Feuchtigkeitslieferant das Gewitter ›zu füttern‹, doch was man damals nicht gewußt hat: es wehte gleichzeitig ein sehr starker Höhenwind, heute weiß man, daß dies die notwendigen ›Kochzutaten‹ für solche Unwetter sind, durch diese Wind›Scherung‹ (die unterschiedlichen Windrichtungen, die sich dadurch ergeben, daß oben der Wind stärker ist als unten) bilden sich dann so kleine Rollen, und wenn diese Wirbelelemente durch einen Aufwind im Gewitter gekippt werden, dann bedeutet das die Keimzelle für ein sich ausbildendes rotierendes Gewitter: das ist noch nicht der Tornado, aber jene Formation, welche einen besonders starken Aufwind produziert

die Gebäude, wie sie heute in Österreich aus festen Materialien gebaut werden und früher auch aus Stein gebaut wurden, sind etwa im Vergleich zu den USA ohnedies sehr massiv, die dortigen Zündholzhäuser fliegen ja gleich davon, und es gibt bei Kongressen endlose Diskussionen mit den amerikanischen Vertretern, wie man die vom Unwetter verursachten Schäden bewerten könne, wobei aufgrund der Schäden (ähnlich wie bei Erdbeben auf die Stärke nach Richter) auf die Windgeschwindigkeit rückgeschlossen wird, doch es kommt sehr darauf an: was ist da vorher gestanden, wie massiv war das, war es eine Hundehütte, die gleich davon geblasen wurde, oder war es ein Stahlbetongebäude, am anderen Ende der FestigkeitsSkala angesiedelt, Alois Holzer ist in einer internationalen Kommission tätig, wo man versucht, die Bewertung dieser verschiedenen Schadensmuster in Einklang zu bringen, sonst kann man keine vergleichbare Klimatologie daraus entwickeln (auch alte Daten werden dabei zweifelhaft), es kommt erfreulicherweise dabei zu fächerübergreifender Zusammenarbeit mit Historikern (welche die damaligen Voraussetzungen zu klären suchen) und mit Ingenieuren (welche die baustatisch notwendigen Werte beisteuern können)

wenn der Sturm etwa mitten auf einem geschlossenen, unverletzten Dach die Dachziegel aufhebt, dann geschieht das meistens auf der Rückseite des Walmdaches, dort wo sich ein Sog oder Unterdruck bildet (als Vertikalkomponente durch die Auffächerung des Windes und dessen Beschleunigung die Vorderseite hinauf), die Dachziegel hebt es dort hinten leichter auf, zumal sie nach unten hin auch meist nicht gesichert sind, schon eher gegen seitliches Verrutschen fixiert, in dem Moment, in dem die äußere Dachhaut dann auf der Leeseite offen ist, kann der Wind erst richtig angreifen und wird in der Folge mehr Schaden anrichten

dieser Berg muß der Vordere Mandling sein, man sieht Forstwege und einen größeren Schotterabbau, auch gibt es in der Nähe ein relativ unbekanntes geophysikalisches Observatorium mit Tunnels im Berg, das **Conrad-Observatorium** am sogenannten Trafelberg, in den vergangenen 10 Jahren hat man dort 5 Millionen € investiert, um Gezeiten (etwa der Nordsee), Magnetik und Erdbeben zu beobachten und zu messen, die Erdtunnels filtern störende Einflüsse so gut wie möglich weg, auch wurde ein kleines Gelände für Atomtestüberwachungen in der Nähe errichtet, wozu man eine Vielzahl von Drucksensoren auf einer ziemlich großen Fläche am Boden aufgelegt hat, und durch die ganz schwachen Druckwellen, die im Ereignisfall drüberlaufen, vermag man festzustellen, ob irgendwo auf der Erde eine große Explosion stattgefunden hat, detto durch die Erdbebensensoren im Inneren der Stollen

da hat sich eine Schlange oder Eidechse versteckt, da hört man die Grillen schnarrend zirpen, da sind sie auf den abgemähten Wiesen ohnedies deutlicher vernehmbar (Alois Holzer schwimmt übrigens in seinem Gartenteich in Krumbach in der Buckligen Welt gemeinsam mit den Ringelnattern, und schon als Kind hat sich der jetzige Leiter des ESSL aufgrund der örtlichen Nähe für den Wiener Neustädter Tornado interessiert), der Dorferneuerungsverein der Gemeinde Waldegg hat hier eine Bank gestiftet, nicht um den nächsten Tornado aus gar nicht so sicherer Entfernung zu beobachten, sondern um den schönen Talblick zu genießen, unten erscheint ein markanter Felsen im Wiesengelände, wohl von einem Heiligen oder gar vom Teufel selbst abgeworfen, um den sich der Tornado oder einer seiner Kreationswirbel in etwa herumgewickelt haben könnte, in der Nähe grast Weidevieh, eine Kuh als Einzelgängerin, sich am Baumstamm reibend, wirft einen großen Schatten, so daß man bei schnellem Hinschauen zwei Kühe darin zu sehen geneigt ist (auch könnten sich Gespräche über Almauf- und Abtrieb sowie Viehverhalten und Aufkommen gefährlicher Gewitterzellen im Hochgebirge aus den Erfahrungen der rezenten Viehhüter anschließen)

wenn beim Standort auch starker Wind bläst, hört man das Brausen des sich nähernden Tornados weniger deutlich, oft aber ist außerhalb der Tornadospur sogar wenig Wind, 8 Minuten Tornadodurchgang für die gesamte 20 km-Schneise kann wohl nicht gelten, man könnte gut eine knappe halbe Stunde veranschlagen, als typische Zuggeschwindigkeit (beeinflußt vom Gewitter in 5 km Höhe) sind 80 km/h anzunehmen, auch finden im kupierten Gelände am Gewitterrand

NeuEntwicklungen statt, die den Ablauf beschleunigen oder bremsen können

sowohl Bärlauch- als auch Maiglöckchenblätter erscheinen am Laubwaldboden, an den Kiefernstämmen sieht man in Abständen (zum Teil hoch hinauf) keilförmige Einschnitte zur (ehemaligen) Harzgewinnung angebracht

es gab damals wohl 2 TornadoÄste, den westlichen (dem wir jetzt mehr oder minder nachgehen) und einen zweiten von Leobersdorf/Felixdorf her, der dann von Norden kommend über dem Flugfeld von Wiener Neustadt auf den anderen getroffen ist und der nahezu parallel mit der Bahnlinie gezogen ist, und wie's der Zufall wollte, ist dieser Professor und Flugpionier Leopold Schmidt in ebenjenem gefährdeten Zug von Felixdorf nach Wiener Neustadt gesessen und hat beschrieben, wie neben ihm ein Tornado herzieht, ein Glücksfall: aufgrund der Tatsache, daß er die Geographie der Umgebung sehr gut kannte, kann man eine Verwechslung fast ausschließen, nämlich zwischen dem Tornado aus den Bergen und jenem, den er beschrieben hat, mit eindeutig anderer Zugrichtung, so scheint es also zwei Vorläufertornados zu diesem Haupttornado gegeben zu haben, der dann vereint die Stadt getroffen hat, die beiden dürften überm Flugfeld interagiert haben, wir wissen nicht, ob sie sich vereinigt haben, denn es gibt seltene Fälle, wo 2 Tornados tanzen und sich vereinigen, es gibt weiters einen verdächtigen Knick in der Zugbahn, und genau dort, wo der nördliche Ast auf den westlichen getroffen ist, dürfte etwas passiert sein, weiter: wo die Bahn direkt in die Stadt hineingeht, hat der Tornado noch einmal einen Knick gemacht, eher nach Osten hin, und ist dann fast west-östlich über die Stadt gezogen und hat die dokumentierten Verwüstungen angerichtet, mit 35 Toten und mehr als 300 Verletzten, in den LeithaAuen wurde seine Gewalt gebrochen, hat er sie verloren, da die Umgebung mit ihrem Strömungsmuster sich verändert haben muß, entweder durch Änderung der Winde oder durch Abschwächung des Gewitters (der quasi saugenden ›Mutterwolke‹ mit ihrer Energie, Wärme und WasserdampfSättigung), durch Verlust der Auftriebsenergie wird dieser Wirbel auch geschwächt, doch was genau die Ursache des Abschwellens war, wissen wir nicht, man darf eine Änderung in den Umgebungsvariablen vermuten, nicht der Tornado zieht ja das Gewitter mit sich, sondern das Gewitter den Tornado, welches also mehr oder minder die Zugrichtung bestimmt, es muß in dem Fall sehr komplex gewesen sein, da an diesem Nachmittag viele Gewitter, die im Sinne frei beweglicher Moleküle untereinander interagiert haben, niedergegangen sind, ein ähnlicher Fall mit einer Zugbahn, die in relativ großem Winkel zusammenläuft, so eine Seltenheit ist neuerdings auch aus den USA bekannt, der Wiener Neustädter Tornado von 1916 scheint mittlerweile der bestuntersuchte Europas zu sein, die Todesopfer aus der Umgebung, z. B. jenes in Lichtenwörth und eines aus Dreistätten, wurden zuerst in die offizielle Statistik gar nicht aufgenommen

Tafel: ZIMMERMANNPLATZL hier kommen mehrere Wege zusammen, *Lieber Wanderer, laß hier nichts liegen, wirf hier nichts weg, dann bleibt das hier ein schöner Fleck*, heute ist dieser Ort Schnittpunkt der Wanderwege zwischen Hoher Wand, Neuer Welt und Piestingtal, 588 m hoch oder tief gelegen, wo die Zimmerleute seit dem 17. bis Anfang des letzten Jhds. ihre Werkstücke aus Holz herrichteten, da sitzt auch schon jemand auf einem vom Zimmermann geformten Balken, von da geht's rechts zur *Einhornhöhle* hinauf, hier weiter unten ist dann der Ort der wohl ersten fotografischen Aufnahmen der Tornadoschäden (Baumwurf), zu sehen ist auf SchwarzWeiß-

Fotos eine Reihe mittig abgerissener stehengebliebener Baumstammstümpfe in mehreren Richtungen, solange der Tornado nämlich klein ist, hat man noch einen Rotationsanteil drauf, wenn er dann größer wird, trifft er die Bäume aus einer einzigen Richtung, in Richtung *Zitherwirt* (Weg 231) quert man nun die gedachte Schneise (ohne Waldmeister für eine Bowle zu sammeln und mitzunehmen) und kommt in etwa zur Steinmauer an der *Pfarrerhalt* (wohl damals als Einzäunung für die Schafe benützt, auf der ÖTK nicht namentlich verzeichnet), der Tornado ist dann bei den heutigen Häusern südlich vom Ortskern Dreistetten weitergezogen, wir dagegen queren einen heutigen Elektrozaun (die ruhende Rinderherde in gehörigem Abstand), weiter nördlich abwärts kommt man dann zu einer Grabenbrücke, nicht zu der sogen. *Bruck* weiter oben (auch auf der alten Karte aus dem 19. Jhd. als Ortsbezeichnung nicht ausgewiesen), ein kleiner Exkurs zu anderswo einheimischen Ortsnamen wäre hier angebracht: im Salzkammergut etwa gibt es solche Kuriosa wie *Futbrünndl, Arschlochwinkel und Schoaßanzünder*

am Stammtisch des Zitherwirts (Jagdpächter der Herrschaftsjagd ist jetzt der ehemalige Direktor der Raika Piestingtal) könnte man mehr von den Erzählungen erfahren, die in Bezug auf den Tornado grassieren, das spektakulärste Ereignis wäre wohl der Halter auf der Pfarrerhalt gewesen, den die Windhose in die Luft gehoben habe und der sich beim Sturz zurück auf den Boden das Bein gebrochen hat, es war der alte Hofer am Hauptplatz, selbst also Betroffener und Gewährsperson in einem, er liege aber leider schon lang unter der Erde, auch ist der Hof verkauft worden, keine Verwandten mehr, doch der ehemalige Ortsvorsteher Herbert Karl (im Haus Nr. 26 vorm zweiten Wirt rechts) wisse auch noch einiges (könnte aber auch gerade noch beim Doktor sein)

Herbert Karl (Ortsvorsteher von 1975–1995) referiert die Erzählungen seines Großvaters und hat auch aus eigener Erfahrung viel aus späterer Zeit zu berichten: **Adolf Hofer**, damals ein junger Bursch, hatte Fronturlaub (1916), seine Vorgesetzten vermuteten, er habe den Unterschenkelbruch nur markiert (oder sich anderswie zugefügt), um nicht mehr einrücken zu müssen, wer glaubte schon so eine verrückte Geschichte, geschehen sei der Tornado-Unfall an der Ecke, nahe dem jetzigen Opus-Dei-Gebäude, wo Hofer 4 oder 5 Meter aufgehoben wurde, hier bildete der Tornado nur eine schmale Schneise von ca. 3 Metern aus und hat sich erst vor Wiener Neustadt dann verbreitert, von einem Haus in der Nähe der Haltergasse hat es den ganzen Dachstuhl emporgehoben und verfrachtet, einen großen Kirschbaum im Karl-Garten hat es auch mitten abgedreht, dann ging's weiter über die Felder, droben auf der *Zweierwiese* vorm *Finkenhaus* sind die Sparren von der TiltscherVilla gesteckt, in einer Entfernung von ca. 3 km Luftlinie (das war damals ein hochmodernes Haus, es ist 1954 abgebrannt und jetzt wieder aufgebaut worden), die *Bruck* direkt beim Opus Dei war nicht einmal eine echte Brücke, sondern nur eine Furt, wo das gesamte Vieh des Dorfes hinunter- und durchgetrieben wurde, die Zentrale des spanischen Ordens (Opus Dei, genannt ›SS Gottes‹) hat sich vor einiger Zeit (Herbert Karl war noch Ortsvorsteher) im Pfarrerwald angesiedelt, auf einer Fläche von ca. 5 ha, welche die Gemeinde auf Druck von oben verkaufen mußte, der Tornado hat im weiteren Waldgebiet keine Schneise mehr gerissen, das Gewaltige habe sich erst nach Bad Fischau am Steinfeld draußen entwickelt, und dem betroffenen Hofer (mit dem sich Karl oft unterhalten hat) habe man damals den Fuß überm Knöchel abnehmen müssen, jetzt liegt der Invalide schon *a Randl* am Friedhof, 1975 waren nur mehr 6 Gemeinden in NÖ, die sich standhaft gegen die Zusammenlegung gewehrt haben, bei der

Zusammenlegung mit Piesting hatte Dreistetten noch einen Überschuß von 70.000 öS in der Gemeindekasse, der Hauptort Piesting, damals hochverschuldet, konnte nicht einmal seinen ordentlichen Rechnungsabschluß 1975 machen, ein Bürgermeister kann sich für die jeweilige Katastralgemeinde einen Ortsvorsteher wählen, muß es aber nicht tun, damals war das der jüngste Abgeordnete NÖs, ein gewisser Zimper, er wollte sich die Zores mit den Dreistettenern (damals 500 Einwohner, heute 750, 1945 106 Hausnummern, heute 300) nicht antun und hat Herrn Karl eingesetzt, trotz der Piestinger Finanzhoheit hat es nie Probleme bei der Verwirklichung von Vorhaben gegeben, Fotos vom Bundesbahner Mössner aus Oberpiesting/Wien in einem alten Fotoalbum eines Sommergastes zeigen die Pfarrermauer (aus einem Steinbruchmaterial am Fuße der Einhornhöhle), weiters zersplitterte abgedrehte Fichten (obwohl sonst in der Gegend hauptsächlich Schwarzföhren wachsen), weiters eine zeitgenössische Ansicht in Richtung des Kammes *Hausenberg* (welcher zur habsburg-lothringischen Forstverwaltung gehört), wo man im 1. WK mit der Harzgewinnung angefangen hat, sich für die ganze Gegend also eine zweite Einnahmsquelle zur Landwirtschaft hinzu aufgetan hat, weil jeder Bauer 1000 eigene Bäume von entsprechender Stärke anplätzen konnte und mit dem Harz gutes Geld verdiente, und wer keinen eigenen Wald hatte, konnte bei der Herrschaft Bäume pachten und mußte pro Stamm 1 kg Harz als Pacht abliefern, bei den Bäumen sonnseitig war mehr Ertrag möglich, auf der *Schattenleiten* in Richtung Waldegg weniger, im Anschluß an die Vorderseite wurde auch auf der Stammrückseite angeplätzt, dazwischen blieb das ›Leben‹ (als Rindenstreifen zum Safttransport) stehen und der Baum wurde nicht dürr, früher haben private Pechsieder das Harz verarbeitet, dann hat sich das Thermenland von Mödling bis Neunkirchen zu einer Harzgenossenschaft zusammengeschlossen, es wurde eine Raffinerie gebaut, eine der modernsten der damaligen Zeit, und das Kiefernpech dorthin abgeliefert, der fertige Harzleim kam in die Papierfabriken, das Terpentin hat die LackIndustrie abgenommen, auch Kolophonium wurde viel gebraucht (am allerwenigsten für die Geigenbögen), die Ernte erfolgte den ganzen Sommer über, am Josefitag im März begannen die Vorarbeiten, Ende April ist aufgemacht worden, unter 14 Tagen wurde der Baum 3mal ein Stück mit dem Texel (Hobel) entrindet, bei aller Modernisierung blieb dem Pecher immer noch die Anstrengung des Leitertragens sowie des Hinaufkletterns nicht erspart, in der *Wandleiten* oben verwendete man Leitern bis 12 m Länge, 3x haben sich die Sammelgefäße gefüllt, dann war das Jahr aus (Dr. Reichart hat diese Häferl-Ernte-Technik aus Frankreich und Griechenland eingeführt), früher wurde unten aus dem Baum (Schrotbaum) eine Mulde ausgehackt, aus der die Frauen alle 2 Wochen das Harz herausgeholt und in eine Butte gefüllt haben, die Überlieferung, die NEUE WELT betreffend, geht auf das geologische Meer nach der Eiszeit zurück, das sich durch die ProssartSchlucht entleert hat, die Nachbargemeinde von Dreistetten ist Muthmannsdorf samt Stollhof, mit der schönen, aber feuchten Kirche *St. Peter im Moos* etwas außerhalb, die KohleBergwerke drüben in Grünbach (Stollen bereits tief unten und mit heißester Kohle) waren zuerst deutsches Eigentum und dann USIA-Betrieb der russischen Besatzung, ab 1955 wurde die Förderung staatlicherseits eine Zeitlang weiter fortgeführt, dann als unrentabel eingestellt, auch das neue Bergwerk in Höflein wurde, allerdings wegen mangelnder Kohlequalität, aufgegeben, damals bestand eine große Gemeinschaftsweide in Dreistetten, morgens wurden die Tiere vom Haus abgelassen, abends vom Hüter jeweils heimgetrieben (einer von ihnen war ja besagter BeinbruchRekrut), heute gibt es höchstens 20 Kühe in den Ställen, das Jungvieh grast auf den Weiden die Marmorbrüche in den Engelsbergen draußen in Richtung Fischau sind länger schon nicht mehr in Betrieb, das ganze Gebiet war aber 1945 heiß umkämpft, da sich die Schüler der Militärakademie darin festgesetzt hatten, von 106 Häusern in Dreistetten wurden 34 komplett niedergebrannt, kein Haus blieb ohne GranatTreffer, die Bewohner haben sich in den Wald geflüchtet, ein Teil davon auf die Hohe Wand, wo auch gekämpft wurde (allerdings kaum Trinkwasser vorhanden war), am Ostersonntag 45 war die russische Armee über den Wechsel hereingekommen und mit den Panzern auch nach Wiener Neustadt und Wien weitergerollt, was jetzt noch erstaunen macht: daß nämlich unter 4, 5 Jahren die in Mitleidenschaft gezogenen Orte wieder aufgebaut werden konnten, das ehemals gotische historische Stadtzentrum Wiener Neustadt allerdings war vollständig zerstört

der Weiterweg vom Zentrum Dreistetten (und seinem ausführlichsten Gewährsmann, gewiß nicht nur in Sachen Trombe, nämlich Herbert Karl) verfolgt dann die vermutete Route des Tornados in Richtung Osten über *Mahlleiten*, gelangt auf Feld- und Waldwegen an die Fahrstraße hinunter nach Bad Fischau, übersetzt diese zur *Zweierwiese* (in der die erwähnten verfrachteten Sparren gesteckt sein sollen) und schwenkt südöstlich im Wald zu einer als *Fälscherwerkstatt* bezeichneten Höhle im Hang rechts oben, schließlich zum (wie stillgelegten) Gasthaus *Kürassier* und in einer der Weg-Varianten durchs lichte baumbestandene Hanggelände bis ins Tal hinunter, wo man, ein Stück dem Damm der 1. Wiener Wasserleitung folgend, ins Zentrum von Bad Fischau (und als Freund etwa zum Haus Marginter an der Kirche) gelangt, wo man nach einer RekreationsRast gar auf den fußläufigen Weiterweg südlich des eigentlichen Trombenverlaufs (über Feuerwerksanstalt zum Flugfeld sowie die warme Fischa entlang und unter der Autobahn hindurch) gut und gern verzichten möchte (genauso auf die betroffenen Bereiche innerhalb Wiener Neustadts: Friedhof, Auge Gottes, Alte Lokomotivfabrik, Daimlerwerke, Wiesen und Äcker südlich Lichtenwörths, LeithaAuen bis zur Hofau, dem Endpunkt des Tornados) und wo man stattdessen das Gebäude und die Studienräume samt Bibliothek des Sturmzentrums ESSL (European Severe Storms Laboratory) in Bahnhofsnähe anstrebt und erreicht, wo man die neuesten Unterlagen und Auskünfte zu den vergangenen und künftigen Tornado-Ereignissen österreich-(und welt)weit erhalten und einsehen kann, z. B. im wissenschaftlichen Standardwerk des damaligen zeitgenössischen Forschers **Alfred Wegener** mit dem poetischen Titel: *Wind- und Wasserhosen in Europa* aus dem Jahr 1917 (also 1 Jahr nach der Wiener Neustädter Katastrophe erschienen) oder wo man sich auch praxisnahe Drucksachen holen kann wie die Broschüre: *TORNADO, wie verhalte ich mich richtig*, mit folgendem grundsätzlichen WarnHinweis:

viele Menschen sterben bei Tornados im Auto, Fahrzeuge bieten nämlich keinen guten Schutz und können von Tornados leicht mitgerissen werden, deshalb:
– wenn ich mit dem Auto in den Gefahrenbereich eines Tornados komme und nicht mehr ausweichen kann, verlasse ich das Auto und suche möglichst in einer Geländemulde oder in einem Straßengraben Schutz
– auf Campingplätzen flüchte ich in massive Gebäude (z. B. in die gemauerten oder betonierten WC-Anlagen), Zelte und Wohnwagen bieten keinen Schutz und wurden schon vielen Menschen in Tornados zum Verhängnis, selbst starke Bäume werden oft umgerissen und können daher zur tödlichen Falle werden

Trommelrede (Stock/Stöcke des Schamanen)

schon damals, am Beginn der 80er-Jahre, und danach, rural/urban, war man (hätte man) sich des Anbruchs einer neuen Zeit, ohne dies so auszusprechen, gewiß (sein können)

denn es gab/gibt begeisternde Neuanfänge sowohl im grünen Gebirge (Almgebiete etwa werden wieder oder neu bestoßen/bezogen, Maßnahmen gegen den sauren Regen sind virulent, Käsekurse werden von nach Praxis dürstenden Städtern besucht), Neuanfänge mit vielversprechenden künstlerischen Initiativen haben sich ins StadtGrau vorgewagt: so zum Beispiel in Form der Verwandlung des Technologischen Gewerbemuseums (TGM) nach Besetzung in ein Werkstätten- und Kulturhaus (WUK) im Wiener Alsergrund (mit Fotogalerie, Radwerkstatt, Künstlerinnenateliers und Treffpunktlokal für die grauen Wölfe), oder in der Produzentengalerie REM am Mozartplatz in Wien Wieden (mit Bildhauer Fritz Bergler, Maler Hannes Priesch, Physiker Gerhard Grössing, und in der Folge auch mit der aufstrebenden Kuratorin Sabine Breitwieser), in nur einem einzigen Ausstellungsraum

es gibt/gab noch zwei (wenn auch künstliche) Inseln im Donaukanal (welcher in Zukunft vielleicht gar Trinkwasser-, gewiß aber Badewasserqualität erreicht haben soll): nämlich eine aus Pontons errichtete Fläche und einen am Flußboden festgegründeten Block (wie ein Betonschiff vor Anker: als speziellen Fischmarkt/Tandelmarktplatz, wie auch die ersten Samstagsmärkte *Am Hof*, auf denen der Schauspielhausdirektor (seiner ersten Ära) nach möglichen Requisiten für seine Inszenierungen suchen kann/konnte (Hans Gratzer)

es gibt Mordfälle, deren Aufklärung bevorsteht und es gibt die zu entdeckenden medizinischen Museen: das *Josefinum* etwa mit permanenter Schweizer WachsRestauration (durch Rita Furrer) und es gibt den ovalen *Narrenturm* mit vollen und leeren Zellen (für feine Ausstellungen von Gegenwartskunst wie geschaffen), die *Transmediale Gesellschaft* (des Gerhard Fischer) öffnet mit ihren Recherchen und Publikationen neue Horizonte (interdisziplinär), es gibt die Buchhandlung Frauenzimmer in der Langegasse (mit Gudrun, Christa und den anderen), die mit ihrem Sortiment das ihre zur feministischen Aufbruchstimmung beiträgt (Zutritt für Männer gestattet), auch Friederike Mayröckers *Heiligenanstalt* und *Die Abschiede* wird/konnte man dort finden

man kann das 50 m-Längen-Schwimmen im Stadthallenbad (zusätzlich sogar das kalte Sportbecken) benützen/genießen, anschließend das gemeinsame Ausatmen im Cafe Weidinger, Direktor Hofrat Dr. Bertele im weißen Mantel gebückt zeigt im Narrenturm seine Moulagen vor, etwa eine verunstaltete Hutmacherhand sowie mazerierte Menschenknochen (nebenbei vom hochdotierten Kollegen Fisher in London schwärmend und auf neues museales Interesse auch in Wien hoffend), in der Buchhandlung Posch ist indexierte Literatur via Raubdruck erhältlich (Panizzas Liebeskonzil, Wilhelm Reich und Franz Jung unter der Budel), antike Götternamen werden auf die Freunde verteilt: Tassilo Blittersdorff firmiert als klossowskischer Baphomet, Christine Pellikan übernimmt die Rolle der fruchtbringenden Demeter, Bodo Hell darf als Merkur da und dort unerwartet erscheinen, es sammelt sich eine freundlich begeisterte Menschentraube vorm Eingang des Stadtkinos Schwarzenbergplatz (bereits zu Mittag), bei welcher wir länger verweilen möchten/dürfen:

man zeigt in zwei Tranchen die ausgefeilten Praktiken der SCHAMANEN IM BLINDEN LAND (diese Folie aus West-Nepal wird sogleich wenn auch unausgesprochen dem alpinen Seelenleben übergelegt), mit trefflichen Szenen und mitreißend anthropologischem Kommentar: da geht der fährtenkundige Stock in den Händen des Initianten unbeirrt selbigem voraus, auf seinem SuchWeg zum (für ihn bestimmten) Trommelbaum, dieser eigenhändig gefällt, sein Stamm gespalten und die eine Hälfte als Trommelrahmen verwendet, die andere Stammhälfte für den Fall beiseitegelegt, daß beim Trommelbau etwas danebengehen sollte, der Daumen- und Zeigefingerring umschließt (wie rituell) den prallen Phall, auch halten die Fingerkuppen am erigierten Knöpfchen dort für Minuten unter sanftem Druck still (der jeweilige Erguß wird von beiden Beteiligten mit den Handflächen wie zur Panzerung über den Leib/die Leiber verstrichen), das Instrumentenspiel der Schneider kann als veritable Übergangsmusik (*son de passage/rites de passage*) wahrgenommen und eingesetzt werden, mit Gesten physischen Aufwands vermag der Heiler den widrigen Geist an den Ort der Sitzung herzulocken, nein Stift brauchen wir keinen (also nichts notieren!), so ist es von Man Bahadur oder Bhim Bahadur oder Bal Bahadur (übersetzt) zu hören, nachdem er alle Utensilien aus seinem Schamanensack geleert hat, der Trommler bemüht sich, auf seinem Verfolgungsweg die Fußstapfen der geraubten Seele wahrzunehmen und ihr so rasch es geht zu folgen, vor der Kapelle oben am Paß mit ihren gekreuzten Stecken im Eingangsloch muß er sie eingeholt haben, sonst ist die Seele und mit ihr die Patientin verloren bisweilen dient der Trommelstock als Saugrohr, dann wieder wird unter der Matte nach der dort vielleicht versteckten Seele gesucht (zum Schein halbherzig und wie zum Spaß), man fragt sich, wie das begleitende **WegLied** klingen könnte, Antwort: so als würde man in metallener Rüstung gehen (in in/ständiger Imagination, ganz nebenbei auf solchem Pfad der Heilung, auf dieser Route der Einweihung auch einer künftigen DichtungsKompetenz entgegeneilend), ein Nachtfalter wird kurz für eine Emanation der gesuchten Seele gehalten (man lacht betreten in sich hinein), das auf einem Bein (also kopfüber) aufgehängte Opferhuhn dreht sich um die eigene Achse am Faden über der flüssigkeitgefüllten Schale und hat das anfängliche sporadische Hochflattern schließlich aufgegeben, bis es ganz unerwartet gellend aufkreischt

untertags ist der Schamane einfacher Bauer und Laie sowieso (wie jeder andere im Dorf, mit anstrengender Tagesarbeit), im Charivari der Nacht allerdings wird er dann zum erwählten Heilkundigen, der auch das Kommende vorauszusehen vermag: solch Doppelbelastung hält man nicht lange aus (gesundheitlich), das blickdichte Verbinden der physischen Augen fördert auch bei der Neophytin (der einzuweihenden Schamanin) eine/diese visionäre Sicht: so daß sie sich oben auf der Plattform des **Maibaums** (ohne hinunterzusehen) in der gleichen Schraube wie ihr Zeremonienmeister unten am Stamm drehen kann, bis dieser (der Lehrer) anhält und sie (die Einzuweihende) mit ihm oben synchron die Drehrichtung wechselt, unisono

Regenbogenhose und Kuza-Wurzel kommen zum Einsatz, der Leichnam des Toten wird wie der Sündenbock in einer nervösen Prozession talauswärts befördert, nur schnell hinaus und nicht zurückgekommen, ohne Opferblut für die Seele geht rein gar nichts, der weiße Widder wird vom Initianten ergriffen und in die Zunge gebissen, für den gedruckten Text sowohl der Antritts- als auch der AbschiedsVorlesung des (40 Jahre später emeritierten) Ethnologen an der Uni Zürich (Michael Oppitz) wurde bewußt dasselbe kleine Format gewählt, der damalige Kameramann (Rudi Palla) ist mittlerweile selbst zu einer Art Ethnographen geworden (und hat über Bäume, ausgestorbene Berufe und das Verhalten der Schmeißfliegen an Kadavern geforscht und geschrieben, unter anderem), beim professionellen Zerteilen des Widders achten alle anwesenden Schamanen (dieses quasi Ärztekongresses) darauf, daß es gerecht zugeht und daß jeder sowohl vom besten Stück als auch von den weniger guten Partien etwas zugeteilt bekommt, die ZuschauerInnen in den Kinostühlen macht es (wie die im Film real Zurückgebliebenen) sichtlich traurig, wenn sie die hochgebündelten Männer nach dem mehrtägigen Initiationsfest in alle Himmelsrichtungen auseinanderstreben sehen (in deren HeimatTäler zurück)

das Kreisen im Uhrzeigersinn gilt als ein Bild für die Richtung des Lebens (ungewiß ob hinan, ob hinab, auf jeden Fall voran), nach dem Kinobesuch fragen sich die Interessierten am Kaffeehaustisch gegenseitig über die markanten und die übersehenen Stellen im Film ab, weisen sich gegenseitig auf solche hin, Ärztin Isolde mußte bereits vor Beginn des Films unverzüglich zu einem Patienten mit Herzinfarkt fahren (43-jährig), der indien-affine und himalaya-begeisterte Weinbauer aus Kammern bei Langenlois hat seine Weinstöcke für diesen Kinobesuch verlassen, trägt aber sein goldenes Weinblatt am Revers zukunftsfroh angesteckt (Josef Hirsch), auch die Aufdeckung des Weinskandals an anderer Stelle läßt nicht lange auf sich warten, Defätismus war gestern, heute heißt die Devise: alles sprießt zukunftsfroh im terrassierten Magardorf vorm Massiv des Dhaulagiri werkt und wirkt nicht die klassifizierende Wissenschaft für das VolkskundeArchiv, sondern es blüht die Begeisterung Einzelner auf, für eine Religion ohne Schrift, ohne Staat, ohne Dogma, ohne Katechismus, 7 bis 10 Jahre kann es schon dauern, bis die umfangreichen mündlichen Epen von den neu Eingeweihten vollständig erlernt sind, manches läßt sich so leichthin sagen, wie: die Trommel ist des Schamanen BuchErsatz (exakter: seine Halbtrommel), und es gibt nur diesen angereicherten Urtext (mündlich vorgetragen), keinen schriftlichen Interpretationsrattenschwanz, in dieser Trommelsprache werden einerseits die real Anwesenden zur Séance begrüßt, andererseits auch die Ahnengeister zur Einkehr geladen, mit deren Hilfe wird zu den Wassern des Vergessens gereist, aber auch nach dem richtigen Buchweizen gesucht, und durch so eine stetige Trommelrede läßt sich die Zuhörerschaft gar aus der Unterwelt anheben

im Sommer vermag der prognostische Rabe, vom nahen Baum herunterkrächzend, die Zukunft aus den Linien und Nerven der Blätter an Bäumen und Sträuchern zu lesen, in der kalten Jahreszeit re-zitiert er dann das Künftige aus dem Gedächtnis: jaja Eure Bemühungen werden im Westen Erfolg haben, im Osten auch, und im Norden und Süden sowieso

Ulme

Ilim Rüster Iper / Elfenholz Olma Ruscht, Feld-, Berg- und Flatterulme, der Modebaum im Möbelbau vorm UlmenSterben (Splintkäfer verbreitet seit 1920 den Pilz *ceratocystis ulmi*), eines der wärmebedürftigsten heimischen Gehölze, trotz Neigung zu Schwundrissen punktet die Ulme mit Festigkeit, Elastizität und Federkraft, Kernholz im Alter bräunlich (an der Luft nachdunkelnd), erscheint bei geschicktem Schnitt flammig, Ansehen des Baumes: *sparrig*, Blätter im Stengelansatz (dort auch kleiner Duftknoten) mehr/weniger asymmetrisch geformt, Behauptung: Ulmenblätter würden sich im Verlauf des längsten Tags (zur Sommersonnenwende) umwenden, merkurisch wie saturnisch, vetmed: pulverisierte Rinde als Puder gegen Ekzeme und Koliken, Fruchthülle gedrückt und rings umflügelt, Nüßchen wächst oberhalb der ovalen Flügelmitte, Samen bestes Hühnerfutter, Varietät: die KorkUlme ist auch an den Ästen umkorkt (siehe Beispiel für sechseckigen Kernschnitt), in der Wagnerei für Leiterbäume und Deichseln, Brunntröge, Wasserräder, dem Götterboten geweiht, die geflügelten Ulmenfrüchte begleiten die Seelen jeweils ins Jenseits (von Hermes vor den Weltenrichter Hades geführt), Dryaden pflanzen Ulmen für gefallene Helden, Gichtkranke sollen sich (nach Hildegard) am Ulmenfeuer wärmen, die Ulme übernimmt in Südfrankreich Lindenfunktion

vierundzwanzig Gräben (Rätsel)

24 ist die ›Zahl der Totalität‹: diesen Titel verdankt die Zahl 24 nicht der doppelten 12, nicht den Produkten von 4x6 oder 3x8, sondern den 24 Buchstaben des griechischen Alphabets (bekanntlich von álfa bis oméga), welche auch als Zahlzeichen gebraucht wurden: der griechische Mathematiker Pythagoras aus dem 6. vorchristlichen Jhd. (aus der Schulgeometrie bekannt), für den war die Zahl alles und alles war Zahl (siehe die Gemeinschaft der Pythagoreer in Unteritalien), er sah in der Zahl 24 die Gesamtheit der Glieder des Himmels und die Summe aller Möglichkeiten (ähnlich wie im hebräischen Alphabet die dortigen 33 Buchstaben als Garant für das Allumfassende gelten, siehe die 3x33 Threnoi in den *Lamentationes* (Klagerufen), in denen quasi von a bis zett geklagt wurde und wird (vielfach vertont seit Gesualdo da Venosa im 16. bis herauf zu Ernst Krenek im 20. Jhd. und in Aufführungen für die Düstertage der christlichen Karwoche bestimmt), unmöglich für die frühen Griechen sich vorzustellen: daß etwas Wesentliches dieser Welt die 24 Zahlbuchstaben überschritten hätte, die Buchstabenzahlen des griech. Alphabets verwendete man übrigens auch zur Auslosung der Kämpfer bei den Wettspielen, zur Numerierung der Gesimsblöcke an Gebäuden, zur Bezeichnung von Äckern, Stadtquartieren, Buchkapiteln und Wochentagen, bei der Verwendung als MusikNoten laufen diese Buchstaben einstellig durch und werden nicht von der Zehn ab zweiziffrig geschrieben wie bei der gewöhnlichen Zählung (so wird das 11. Buch der homerischen Ilias mit *lambda* bezeichnet (wie vielleicht die nächste aktuelle Corona-Variante) und nicht mit *iota-alpha*

der franz. Ausdruck *heure* und das englische *hour* für Stunde geht auf die HOREN zurück (bei Homer noch gefährliche Türhüterinnen, dann Garanten des Blühens und Reifens und der Jahreszeiten, bei Goethe und Schiller hieß bekanntlich eine literarische Zeitschrift *Die Horen*), diese Göttinnen haben also einen weiten Weg zurückgelegt, bis sie zur Bezeichnung für Stunden wurden

selbstverständlich ist 24 die Zahl der Stunden des Tages und der Nacht, sie wurden früher als 12 Doppelstunden zu 120 Minuten gezählt (z. B. 3 Doppelstunden für die Nachtwächter), im Gegensatz zur kleineren Einheit des *Glases*, diese durch die Sanduhr abgemessene Zeit von 30 Minuten durchrinnend wurde etwa in der Schiffahrt lange verwendet (siehe französisch glas: auch als emblematische Totenglocke beim Philosophen Jacques Derrida, Friederike Mayröcker hat sich mehrfach auf ihn und dieses Glas bezogen), ein Tag wären demnach also 48 Gläser, die 24 ist aber auch die Zahl der Halbmonde des indischen Sonnenjahres und als klanggewordene Zahl generell verweist sie auf die Sphärenharmonie der Gestirne

in der einleitenden Himmelsvision der Apokalypse des Johannes (4,4), des einzigen prophetischen Buches des Neuen Testaments, tauchen *die 24 Ältesten* als Hohe Engel und Thronrat Gottes auf, sie bilden die Verkörperung der doppelten Harmonie von Priester- und Königtum, dargestellt in einer bildkräftigen Sprache voller Edelsteinmetaphern (Jaspis, Karneol, Smaragd), alle 24 Alten werfen sich vor dem höchsten mittleren Thron nieder

auch als dem menschlichen Körper entnommene Maßeinheit erscheint die Zahl 24, da die alte Elle (von den Fingerspitzen bis zum Ellbogen reichend) nach 24 Fingerbreiten oder nach

6 Handbreiten gemessen wurde (bei schmalen Fingern und Händen, wenn man es probiert), erst später teilte man die Elle in 12 Zoll (1 Fuß, bekanntlich als Maß in der Höhenangabe im angloamerikanischen Raum immer noch gebräuchlich, sind übrigens 4 Handbreiten, ist gleich 16 Finger: 1 Fuß)

wer die 24 Gräben hier im bergigen Halbrund südlich des Großen Proles, unterm Großen Königskogel und westlich des Scheiterbodens (halbwegs zwischen Mürzzuschlag und Mariazell eingebettet) dereinst gezählt hat und wie sie zu ihrer Benennung gekommen sind, wird sich wohl nicht eindeutig klären lassen, sagen wir mal: diese Zahl der Vollständigkeit umfaßt auch alle vielleicht noch mittlerweile neu entstandenen oder dereinst entstehenden Gräben in diesem abgeschiedenen Gebiet mit seinen Riegeln und Kogeln: gehen wir also zuerst durch die Enge der Roßlochklamm mit ihrem episodischen Bach in den sogen. *Alten Graben* nach rechts hinein, aus dem *Neuen Graben* werden wir dann nach einem kursorischen Rundkurs einigermaßen geläutert wieder herauskommen

als Nachschlag noch ein Rätsel: Sebastian Brant, bekanntlich der Verfasser des *Narrenschiffs* 1494, eines der verbreitetsten Bücher der Reformationszeit (ähnlich wie das *Lob der Torheit* von Erasmus von Rotterdam und der *Till Eulenspiegel*), hat ein anschauliches ornithologisches Rätsel zwar nicht für die Längenmaße entworfen, so doch zur Zeiteinteilung, es lautet:

es ist ein Baum, der hat 12 Äst
jeder Ast hat 30 Nest
ein Nest hat 24 Ei (da haben wir es schon)
60 ist der Vogel Geschrei
diese nagt ein weißer und schwarzer Ratz

Baum/Nest/Ei/Vogel frißt die Katz
O Gott, wie sorglich (also besorgniserregend) *ist dies Wesen*
wer mag von dieser Katz genesen

also der Baum ist das Jahr, seine 12 Äste sind die Monate, mit je 30 Tagen als Nester, in 1 Nest (also Tag) liegen gar 24 Eier (also Stunden) zu je 60 Minuten Vogelgeschrei, die 2 Ratzen beißen sie an und die Katz als Repräsentantin und zugleich Vernichterin der Zeit frißt sie alle

horchen wir für die 3 kommenden Stunden unseres Weges durch die 24 Gräben einmal derart in die Zeiten und Zahlen hinein, es wird wohl noch eine oder die andere Station geben, an der die Zeit gewissermaßen stillsteht

Wacholder Zweiglein *Unermüdlich* (Grimm Nr. 47)

auch wenn nicht alle **Vierbergler** das sogenannte VierbergeLaub auf ihrem Hut sichtbar aufgesteckt tragen und obwohl die Meinungen über die richtige Zusammensetzung des immergrünen Sträußchens für den jährlichen Rundweg in Mittelkärnten auseinandergehen (Bärlapp ist gleich *Krahfuaß* für den Magdalensberg, Efeu ist gleich *Karfunkellaub* für den Ulrichsberg, Fichtenzweige sind gleich *GraßAsterl* vom Veits- oder Gößeberg samt seinem Wunschläuten sowie der wachmachende (da haben wir ihn:) **Wacholder** ist gleich *Kranewittn* auf dem Lorenziberg), wobei das vierfach-Grün als Büschel auch oben um den langen Wanderstecken (in den man die Anzahl der bisherigen Läufe einringeln kann) herumgebunden wird, so liegt doch für die meisten TeilnehmerInnen der Gedanke nahe, nicht nur von jedem GlantalBerg etwas Bestimmtes mitzubringen, sondern unterwegs auch zu je speziellem Grün (als vagem Unterpfand) hinzustreben, wobei zuletzt die Wacholderzweige zum Selbstabreißen vor der Lorenzikirche hoch über St. Veit schon von hilfreichen Händen großästig bereitliegen und man nicht erst selbst, von den 15 verflossenen Gehstunden einigermaßen müde, an den Hängen der Umgebung nach passendem Gezweig suchen muß, und eben dieses letzte (vierte) VierBergeGrün wäre der **Garant fürs Durchhalten** gewesen, gilt doch ein Wacholdersträußchen am Hut auch anderswo als wirksames Mittel gegen Ermüdung unterwegs, gegen plötzlichen Schwindel, Altersschwäche sowieso (*wachalter, der machts alter wachent*) und gegen das unangenehme Hautwundreiben beim Gehen, den sogenannten *Wolf* dann stapft also der **Schafhüter** des Trockenrasenprojekts am Hundsheimer Kogel (Bratislava und Petržalka in Sichtweite) zum soundsovielten Mal auf diese hochstrebende Strauchgruppe von Säulchenwacholderstämmen zu, im ausgewiesenen **Weidekuschelgelände** (vom dörflichen Fußballplatz unten dringen soeben die Zurufe der Tifosi herauf), dann greift also die rechte Hand zum soundsovielten Mal mit Daumen und Zeigefinger vorsichtig in dieses locker-grüne Nadelgestrüpp hinein und versucht eine der verkümmerten blauen Beeren zu fassen, und wieder sind die Finger reflexartig vor den stechenden Nadelblätterspitzen zurückgezuckt und die Beere ist zu Boden gefallen, auf diese schafmistgedüngte magere Grasnarbe, die ja ohne die (universitäre) Weideinitiative wohl schon mehr und mehr verstraucht und ihrem Endzustand als MacchiaBuschwald zugestrebt wäre, die bitteren Beeren aber, die in Höhenlagen mehr als ein Jahr zum Reifen benötigen, ließen sich mit Zuckerwasser zu einer zähflüssig intensiv dunklen **Latwerge** verkochen, die den Kindern und Erwachsenen dann leicht vom Frühstücksbutterbrot herunterrinnt und die in der Ostschweiz von einer Firma namens *Eisenhut* in den Handel gebracht wurde

während zeitgleich oben im Kalkgebirg der **Almhirt** sehr wohl in den Kranewittbusch aus der Familie der Kupressinen (zu der auch die giftig-hartnäckigen Garten-Thujen gehören), der sich dort in Schwarzbeer- und Almrauschgesträuchhöhe, also niedrig am Boden hinstreckt, herzhaft hineinlangt und die unbewehrten Zweigspitzen dieses *Juniperus* in bewährter Manier handtellergroß mit dem Messer abschneidet, vorerst nicht eigens darauf achtend, ob es sich um ein weibliches oder männliches Strauchexemplar der Subspezies *alpina* oder *nana* handelt, eingedenk der Hinweise von Nachbarinnen und Vorgängern, die davon gesprochen haben, wie gesundheitsfördernd auch fürs Rindvieh das Druntermischen von kleingehackten Wacholderzweigen unters **Gleck**, also unter die wöchentliche Salz- und Kleiengabe, sein könnte, wo doch für den humanen Gebrauch (also *für die Leut*) der wacholderzweiggeschwängerte Selchrauch, der klare Wacholderschnaps (der slowenische Brinjevec, der holländische Genever, der englische Gin) und die Würzbeeren für Suppe und Sauerkraut sowieso nicht wegzudenken sind, und eine reinigende **Beerenkur** könnte derart vor sich gehen, daß man am ersten KurTag 1 Wacholderbeere, am zweiten 2 Beeren und so fort bis 33 oder 66 zu sich nähme und dann wieder einzeln abnehmend retour bis Null liefe, wobei die sonstige Nahrungsaufnahme in diesen gut 2 oder 4 Monaten sehr wohl reduziert sein könnte, auf alle Fälle sei man anschließend wenn auch vielleicht etwas wacklig auf den Beinen so doch innerlich merkbar erleichtert

und um die mehr als dekorativen antiseptischen Zweiglein als **Begleitgrün** für den Käsetransport einzusammeln, heißt es dann doch höher hinauf in die Blockhänge unter dem sogenannten *Stiebelrucken* steigen, wo die unverbrauchten Exemplare des Zwergwacholders zu finden sind, ohne braune Innenpartien, entlang den wärmenden Felsen wachsend und die Nadelunterseiten bisweilen derart silbrig glänzend, daß dem kleinen Transportpaket damit ein aufhellender Aspekt beigefügt wird, strahlend weiß der Geißkäse sowieso und silbriggrün der Machandelzweig im Zwischenraum (siehe auch Grimms grausames Schamanenmärchen Nr. 47: *Von dem Machandelboom*, unter dem die geborgenen Gebeine des Brüderchens vergraben sind), und man könnte sich an die ungewöhnliche Begeisterung des vulgo *Yrxner*-Altbauern (aus Mandling an der salzburg-steirischen Grenze) über dergleichen Buschwerk (gesprächsweise) erinnern oder an den

Wunsch dieses bayrischen Tierarztes, Jägers und Herzknorpelsammlers K. K., der den Wacholder nicht nur als **letzten Bissen** für das erlegte Stück Wild vorgesehen hat und die immergrünen Zweige vielleicht sogar in den ausgenommenen Wildkörper hineinschieben würde, sondern der sich die *Taxen* auch für sonstige Zwecke in größeren Mengen abgeschnitten und zugesandt gewünscht hätte, wäre nicht wieder der ausgiebige Herbstschnee dazwischengekommen und angesichts der sonstigen Hüterarbeit und Sammeltätigkeit so ein erwünschtes WacholderRoden und -Schwenden hintangestellt worden

selbstverständlich schnappen die Geißenmäuler zuerst einmal nach den von Menschenhand hingehaltenen Wacholderzweigen, vor allem wenn ein anderes Schnappmaul ebenso eifersüchtig nebenan herandrängt, doch bei anfänglicher Gier nach dem neuen Geschmack und dem im Abrupfen freiwerdenden Geruch läßt der Appetit auf ein draußen im Gelände sowieso vorhandenes **Weidespezifikum** bald nach und das Geißenmaul achtet gar nicht mehr auf die restlichen ZweigAbbisse, die mirnichtsdirnichts seitlich rechts und links zu Boden fallen, das Ziegenhaupt wendet sich nach dieser homöopathischen Aufnahme stacheliger Happen, wenn schon im Grünen verbleibend, dann doch lieber krautigeren oder laubtragenden Äsungsgrundlagen zu, etwa in Form von weichen Farnwedeln, mürbem Alpenampfer oder frisch ausgeschlagen habenden Ebereschen, Grünerlen und Zwergmispeln

um auch von der **Holznutzung** zu reden, dann wären das: die breit geschnitzten türkischen (Suppen-)Löffel, manch poliertes marokkanisches Schmuckkästchen, viele lange Mittelstößel mit fixer Lochscheibe unten fürs oben mittig gedeckelte Stoßbutterfaß (das zum Buttern zwischen die Schenkel geklemmt werden kann/konnte), auch eines der neunerlei Hölzer des zauberkräftigen Zeremonialschemels (mit dem man sich vielleicht in die Lüfte erheben kann/konnte), die sogenannte Martins- oder Wotansgerte zum unbemerkten Schlagen abwesender Kontrahenten: alles das ist aus armstarkem gewöhnlichem **Wacholderholz** geschnitzt, und doch erreicht der geduckte JochKranebitt aus der Kampfzone an der alpinen Baumgrenze (auch ohne solche Aststärke) Wirkungen, welche die zartere Talform niemals zu bieten hat, darum gehen wir nächstesmal am ersten solchen Busch, den wir unterwegs (unscheinbar geduckt) antreffen, nicht mehr achtlos und gedankenverloren vorbei, sondern ernten ein paar beerenbesetzte (auch unreif grün) oder leere Zweiglein (wie sich's ergibt) und prüfen dann auf ausgedehnter Runde, inwieweit uns der Gedanke ans **Spezialgrün** am Hut oder im Rucksack die unausbleiblichen Müdigkeitsphasen, zumal die erste nachmittägliche, überwinden hilft

Waldprophet Mühlhiasl Bogenbergwallfahrt (Bayrischer Wald)

der Waldprophet des Bayrischen Waldes, genannt **Mühlhiasl**, dessen Name aber in keinem zeitgenössischen Dokument auftaucht, hat vermutlich **Matthäus Lang** geheißen, seine Identität ist mangels eindeutiger Quellen strittig, sein Leben und Wirken allerdings gilt als wahrscheinlich, 1799 geriet dieser Matthäus Lang (Mühlhiasl) als zinspflichtiger Müller des Prämonstratenser-Klosters Windberg (ursprünglicher Sitz der Grafen von Bogen) in wirtschaftliche Schwierigkeiten, musste beim Kloster ein Darlehen aufnehmen, das er 1801 nicht zurückzahlen konnte, verlor seinen Pachtvertrag und war gezwungen, das Windberger Mühlen-Anwesen zu verlassen, aus Wut auf die Patres, mit denen er auch wegen der Lieferung von angeblich verdorbenem Mehl zerstritten gewesen sein soll, habe er seine erste öffentliche **Prophezeiung** gemacht, nämlich: daß die Mönche selbst schon bald ihr Kloster verlassen müssten, was dann 4 Jahre später (1803) schlagend wurde, anläßlich der Säkularisation in Bayern: auch dieses Kloster wurde aufgehoben und fortan als Unterkunft für Bedürftige genutzt

mutmaßlich war der ›Nostradamus des Bayrischen Waldes‹ wegen seiner weiteren beruflichen Tätigkeit als Kohlenbrenner und Rinderhirt der ansässigen Waldbauern viel in der freien Natur unterwegs, zu dieser Zeit bereits ein Sonderling, mangels Quellen läßt sich aber nicht beurteilen, inwieweit er als Einzelgänger unterwegs war oder Umgang mit der örtlichen Bevölkerung hatte, fest steht nur, dass er all seine Prophezeiungen mündlich vernehmen ließ, wohl gegenüber

Hirten, Knechten und Bauern der Gegend, ja er soll dabei regelrecht deliröse Anfälle gehabt haben, in welchen er sich seinen Zuschauern gegenüber äußerte, wegen seiner lebenslangen Zwistigkeiten mit der kirchlichen Obrigkeit soll er auch außerhalb des früheren Friedhofs von Zwiesel begraben worden sein, auf dem heutigen Stadtplatz, etwa dort, wo jetzt das Kriegerdenkmal steht

wie bei vielen anderen Visionären waren die Prophezeiungen des Waldpropheten *Mühlhiasl* vieldeutig und metaphorisch zu verstehen, manche seiner Aussagen sind mit dem suggestiven Nachsatz »kein Mensch will's glauben« versehen: seine bekanntesten Voraussagen sind wohl die von einem kommenden »letzten« Krieg (einem Weltkrieg), den er als Zeit des »BänkeAbräumens« bezeichnete, die Zeit davor sollte an verschiedenen Zeichen erkennbar sein, welche von ihm nur vage, aber bildstark angedeutet wurden und daher die Phantasie der Zuhörer und Nachgeborenen anregten, und die Versuche, diese Vorhersagen aus näherem und fernerem zeitlichen Abstand auf tatsächliche Geschehnisse rückzubeziehen, sind zahlreich, Mühlhiasls KriegsBeginn-Voraussagen lauten so:

- »wenn der eiserne Hund durch den Vorderwald bellt« (dann fängt der große Krieg an, kein Mensch will's glauben)
- »wenn man Sommer und Winter nicht mehr unterscheiden kann«
- »wenn es nur noch rote Hausdächer gibt«
- »wenn man Mandl und Weibl nimmer auseinanderkennt« (Frauen tragen keine Röcke mehr, vielmehr Hosen, und sie haben die Haare kurzgeschnitten)
- »wenn die Rabenköpf aufkommen (also die Kopfform der Krähenvögel) und dann wieder langsam verschwinden« (also die Frisurmode: vorne kurz, hinten lang, Haare über die Ohren)

- »wenn einmal Tanzmusik in die Kirchen kommt und der Pfarrer auch noch mitsingt, dann ist es soweit« (das könnte amerikanische Gospel-Musik in katholischen Kirchen zur Erhöhung der Besucherzahlen bei hl. Messe meinen, kein Mensch will's glauben)
- »wenn ein großer Fisch über den Wald fliegt«
- »wenn einerlei Geld aufgekommen ist« (der Euro)
- »der letzte Krieg wird der BankAbräumer sein« (kein Mensch will's glauben)

danach sollte jedoch ein goldenes Zeitalter folgen, der Mühlhiasl habe sowohl den ungefähren Beginn der beiden Weltkriege vorhergesagt, als auch das großflächige Absterben der geschwächten Bäume des bayerischen Waldes (wörtlich):

- »der Wald wird so licht werden, wie des Bettelmanns Rock« (viele Löcher in zusammenhängenden Waldflächen durch Baumkrankheit/Borkenkäfer, was aus der Luft wie zerrissene Kleidung eines Landstreichers aussieht)

Mühlhiasl soll sich auch politisch und gesellschaftskritisch geäußert haben:

- »es wird sich zeigen, dass der Bettelmann auf dem Ross nicht zu derreiten ist« (benachteiligte Bevölkerungsschichten kommen zur Macht, auf den Sattel des Pferdes, nutzen dies aus und geben ihre Position nicht mehr ab)

ob es diese Prophezeiungen wörtlich oder auch nur sinngemäß jemals gegeben hat, läßt sich nicht mehr belegen, die Bewohner des Bayerwaldes galten zu Lebzeiten des *Mühlhiasl* wegen der Abgeschiedenheit der Gegend und der harten Lebensbedingungen ohnedies als besonders abergläubisch und dem Übersinnlichen zugetan, wobei die um 1800 einsetzende Romantik eines Tieck, E.T.A. Hoffmann und Chamisso solche Außenseiter und Sonderlinge gern verklärt hat, erzählt werden die märchenhaft ausgeschmückten Geschichten des

Mühlhiasl noch immer, und fast alle Menschen der Region kennen einige Zitate, die dem Waldpropheten zugeschrieben werden, alte Bauern und Holzfäller bringen dem *Mühlhiasl* – ob es ihn nun gegeben hat oder nicht – noch heutzutage Respekt entgegen und glauben an seine Voraussagen, während Kritiker vermuten, dass es sich bei vielen eingetroffenen Prophezeiungen um nachträglich gestrickte Legenden handelt (um: *vaticinia ex eventu*), er selber soll öfters gesagt haben: »Ich komm euch als Toter noch aus!«, und wie es heißt, soll der Sarg des Mühlhiasl nach einem Deichselbruch vom Leichenwagen gefallen sein, dabei habe sich der Deckel geöffnet und sein steifer Arm habe zum Himmel gezeigt

im Mai 1934 verbrachte Adolf Eichmann zu seiner ›spirituellen Sammlung‹ eine Woche im Kloster Windberg, für das der Mühlhiasl anfangs gearbeitet hat, ›Treue um Treue‹: schrieb der spätere Technokrat des Holocausts am 7. Mai nach persönlicher Danksagung an diesen Ort der inneren Einkehr ins dortige Gästebuch

Claudio Magris weist in seiner DonauMonographie (von 1986) auch auf die nahegelegene berühmte **Bogenberger Pfingstkerzenwallfahrt** hin, in der die wallenden Waldbauern eine 13 m hohe Kerze (einen mit rotem WachsStrang umwickelten Fichtenstamm), von Schulter zu Schulter weitergereicht, meist liegend zu zweit, kurze Strecken aber auch aufrecht allein im Gehen gehalten, die 75 Kilometer von Holzkirchen donauaufwärts entlang dem Bayrischen Wald bis nach Bogenberg hinauf tragen

das Gelübde, von den Holzkirchnern vor über 500 Jahren abgelegt, welches sie bis heute treu erfüllen, wurde aus großer Not heraus getan: damals (Ende des 15. Jhds.) wütete der Borkenkäfer in den Wäldern rund um Holzkirchen und gefährdete mit dem Absterben des Waldes eine wichtige Existenzgrundlage der Bevölkerung, und da niemand der Verwüstung Einhalt gebieten konnte, verlobten sich die Holzkirchner der Muttergottes auf dem Bogenberg und versprachen: wenn auf Mariens Fürbitte hin der Käfer abstirbt und sein Zerstörungswerk endet, wird jedes Jahr ein gerade gewachsener 13 m hoher Fichtenstamm von ca. 50 kg Gewicht mit roter WachsSchnur umwickelt, in einer Dankeswallfahrt von 13 Männern auf den Bogenberg getragen und der dortigen Muttergottes dargebracht, fällt die Kerze unterwegs um, gilt solches als böses Omen für ein künftiges Malheur: Pfingsten 1914 und Pfingsten 1939 ist die Kerzenfichte unterwegs umgefallen

Nachtrag als beiläufige Bemerkung zu Franz Stanislaus Mrkvickas exquisiter künstlerischer Behandlung von Ansichten des Bayrischen Waldes, z. B. des Kleinen Rachel[1]: der Maler und Zeichner setzt seine Sicht auf ein bestimmtes Waldstück so aufs Blatt hin, wie dies eventuell der ausgewiesene FarbRadierer Hercule Seghers (jener berühmte und geheimnisvolle Zeitgenosse des in der Folge berühmteren Rembrandt) nach 1600 auf die Druckplatte geritzt hätte (der Großteil von dessen Graphiken befindet sich im Amsterdamer Rijksmuseum)

1 Titel und Legende des Bildes: Aussicht vom Kleinen Rachel (1399 m, Gipfelkreuz mit Gipfelbuch), fällt auf den Zwieseler Winkel, den Großen Arber, den Falkenstein und die Trinkwassertalsperre Frauenau

Weide

weidentypische GeruchsErinnerung, spezifisch ans Seeufer (Fuschlsee), auch in versteckten Feuchtzonen des Gebirges derselbe Duft (Forststraße in die Luser), Weidenkätzchen für die Palmbuschen, Silberweiden auf wenigstens zeitweise überschwemmten Sandböden, mit unterseitig silbrig behaarten lanzettlichen Blättern sogar Charakterbäume der Niederungsflüsse (auch als Hausbaum auf Kopf geschnitten), Korbweiden (als hohe Sträucher an Ufern, in Auen, mit dicht beblätterten spitzen Ruten, da die Weidenruten zum Binden gespalten werden müssen, eignen sich Wildsammlungen nicht: regelmäßiger Schnitt und somit Bildung unverzweigter Langtriebe wären Voraussetzung), Salweide Bachweide: ausgewachsener Zweig mit breit-elliptischen Blättern, ein Same in seiner Wolle, Blust fällt ab, ehe Frucht daraus wird (Odyssee: *olesikarpos*), blühende Schlangenweiden (im Mai) können nervöse Nachbarn (in Windrichtung) zur Weißglut treiben, auch Hybride als ElternArten, kriechende Formen (Spaliersträuche) in den lappländischen und mitteleuropäischen Alpen (sowohl netzadrige als auch stumpfblättrige, Alpenbaumwolle), Baum der Trauer, der Wiedergeburt und der Fruchtbarkeit (Verzehr von Weidensamen soll dereinst unfruchtbar gemacht haben), die Blätter gesotten und getrunken, vertreiben *den lust und neygung zur unkeuscheyt* (L. Fuchs 1543), Rinde fiebersenkend (Salizylsäure seit 1898), äußerlich bei Neuralgien und Rheuma (Umschlag Pflaster Salbe Bad) und zum Gurgeln, löst innere Verhärtungen, Gerbstoff für dänisches Handschuhleder, Zweige für alle Arten von

Geflechten (Zäune, Körbe, Reusen, sogar Betten und Möbel), vielgestaltig: weiße, gelbe, braune, salbeiblättrige, mandelblättrige, rosmarinblättrige, Knack- oder Bruch-, Dotter-, Hohe und Korbweide (mit Kopfholzzucht), Saal- oder Palm-, babylonische oder Trauerweide (in Medeas Kolchisweiden hingen die Verstorbenen), dreimännige-, fünfmännige oder Lorbeer-, ägyptische, Sandweiden können gar WanderDünen befestigen

Wienerwald

die hügelig bis mittelgebirgsartig ausgeprägte, über 100.000 ha umfassende Region des Wienerwalds liegt im östlichen Niederösterreich an der Grenze zwischen dem Mostviertel (*Viertel ober dem Wienerwald*) und dem Industrieviertel (*Viertel unter dem Wienerwald*), mit Höhenlagen zwischen 300 und knapp 900 m, von den östlichen Randbergen aus hat man prächtige Tiefblicke auf Wien und auf das Wiener Becken, im Osten wird der Wienerwald durch die tektonischen Abbrüche der Thermenlinie begrenzt, im Süden durch die Flüsse Triesting und Gölsen, dahinter beginnen die Wiener Hausberge (auch *Wiener Alpen* genannt), im Westen wird der Wienerwald durch die Flüsse Traisen und Große Tulln begrenzt, im Norden durch das Tullnerfeld und die Donau bis zur Wiener Pforte sowie im Nordosten – bereits im Stadtgebiet von Wien – durch den Schwarzenbergpark und den Lainzer Tiergarten

die Täler dieses Mittelgebirges ziehen großteils in Ost-West-Richtung (in Höhen von 200 bis 400 m), besonders reizvoll ist der Wechsel zwischen einsamen und dicht besiedelten Strecken und die stark variierende Hangneigung (etwa 20 % bis 75 %), eindrucksvoll vor allem das vielbesungene *Helenental* (hinterm Kurort Baden an der Thermenlinie) und die markante *Hagenbachklamm* (in der Hadersfelder Berggruppe), geologisch gehört der Großteil des Wienerwaldes zu den Flyschalpen (vorwiegend Sandstein) und heißt demgemäß *Flyschwienerwald*, der Südosten hingegen läßt sich den Kalkalpen zurechnen (*Kalkwienerwald*), der westliche Abschnitt zwischen Traisen und der Großen Tulln wiederum wird *Wiesenwienerwald* genannt

stellenweise wurde dort bereits im frühen Mittelalter von den bäuerlichen Siedlern Wald gerodet und es etablierten sich zahlreiche Einzelhöfe mit umgebenden Obstgärten, in denen wie an den Waldrändern selbst (in einer Seehöhe von 300 bis 500 Metern) die **Elsbeere** kultiviert wurde und wird, dieser charakteristische Mehlbeerbaum, dessen ledrige, kahle, zweifächrige Apfelfrüchte (mit einer Kelchhöhlung an der Spitze) auch im Register der traditionellen Lebensmittel verzeichnet sind, daraufhin haben sich die Ortschaften der Region unter der etwas umständlichen Marke *Genußregion Wiesenwienerwald-Elsbeere* zusammengeschlossen, auch um die traditionellen Produkte aus der Elsbeere zu vermarkten, ähnlich wie sich das Kornelkirschen-**Dirndl**-Gebiet an der vorderen Mariazellerbahn mit dieser seiner schmackhaften Baumfrucht etabliert hat

abseits der geographischen und baumkundlichen Details sei die bekannteste literarische Nennung des Wienerwalds erwähnt, nämlich das Volksstück aus dem Jahr 1931: **Geschichten aus dem Wienerwald** des 7 Jahre später auf den Champs-Élysées tragisch von einem BaumAst erschlagenen Bühnenautors Ödön von Horváth: *Nichts gibt sosehr das Gefühl der Unendlichkeit als wie die Dummheit*, dieser von Horváth den *Geschichten aus dem Wienerwald* vorangestellte Satz erfüllt sich in seinem Bühnenstück in grausamer Konsequenz: dabei sieht es bis zum Schluß so aus, als sei kaum etwas Schreckliches geschehen (es gab Erniedrigung, Erpressung, sozialen Abstieg der weiblichen Hauptfigur ins Rotlichtmilieu, KindesTötung), die Protagonisten des Stücks gehen egoistisch und lieblos miteinander um, verstecken ihre wahren Gefühle in Sentimentalität und hinter schalen Redefloskeln, sie arrangieren sich miteinander und mit den Verhältnissen, aber daß sich in der Zwischenzeit eine Tragödie nach der anderen abspielt, erkennen sie nicht, das Opfer (nämlich das Mädchen Marianne) will die Grenzen einer bornierten Umgebung (die sie in ihrem Willen zur Emanzipation behindert) überschreiten, um ihr eigenes Bild eines gelungenen Lebens zu entwerfen, muß aber erfahren, daß sich die Welt leider nicht danach richtet, sie hat sich zum Schluß des Stücks am tiefsten Punkt der Erniedrigung dem ungeliebten Mann und ›Retter‹ zu ergeben, für die Zuschauer wird damit offenbar, daß ihr in der Verbindung mit diesem Oskar der ›grausamste, quälende Tod in der Ehe‹ beschieden ist, dennoch spielen die *Geschichten aus dem Wienerwald* in einer scheinbar heilen und heiteren Welt, immer wieder gibt es etwas zu feiern und fast unentwegt spielt Musik: ein Klingen und Singen liegt in der Luft, als verklänge irgendwo unaufhörlich der Walzer *Geschichten aus dem Wienerwald* von Johann Strauß, doch wird durch die ständige Wiederholung (ähnlich wie in der stereotyp wiederkehrenden Redewendung von der ›schönen blauen Donau‹) der Eindruck unbeschwerter Heiterkeit entwertet, es folgten Skandale bei der Uraufführung 1931 (wobei das Stück für die Konservativen eine Verunglimpfung des alten Österreich-Ungarn darstellte), und nach der Wiener Erstaufführung 1948 monierte man darin eine Herabwürdigung Wiens und der Wiener, erst nach 1968 wurden die Stärken des Dramas und seines Autors erkannt, am Beginn einer veritablen Ödön-von-Horváth-Renaissance

mit all dem haben des Künstlers Franz Stanislaus Mrkvickas Wienerwald-Bilder wenig zu tun, viel mehr schon mit der Wirkung der sogenannten ›Grünen Lunge‹ dieses Wienerwalds, im Westen der Millionenstadt gelegen (bei vorherrschendem Westwind), es handelt sich bei der Bilderserie (auf der Grundlage eigener Fotos) um ein Dutzend nahezu gleichformatiger Darstellungen auf handgeschöpftem Silberburg-Büttenpapier, ausnahmslos Aquarelle mit Inkjet überarbeitet, wobei manche der Darstellungen emblematischen Charakter zu gewinnen vermögen (d. h. man meint bestimmte Ansichten schon einmal quasi in natura draußen gesehen zu haben)

Zirbenholz Zapfenlikör (Rezeptur)

Zirbenbretter sind speziell als Material für Vorratskisten geeignet: die obersteirischen **Herbare** des Stiftes Admont etwa lagern in 79 großen Zirbenholzbänden, in ihrer Form den BuchFolianten nachempfunden (wenn auch ohne deren Bünde), der Schädlinge abwehrende Duft von Zirbenholz wird also nicht nur für Kleidertruhen, sondern auch für dergleichen buchförmige Schachtelbehältnisse verwendet, siehe weitere HerbarSammlungen in Zirbenholz (etwa die Sammlung Busenlechner, eine ungarische etc.), allerdings wurden einige dieser Behältnisse 1942 einer Giftbehandlung unterzogen

Geräte und Gebrauchsgegenstände aus Zirbenholz: bestimmte Wurzelformationen an alten Zirbenindividuen springen dem aufmerksamen Beobachter auf Wanderungen immer wieder ins Auge, ›da schneide ich mir demnächst ein geschwungenes Stück für einen **Gock** oder Deutlhauser heraus‹, also für einen Pfannenhalter, den man im elaboriertesten Fall für verschiedene Pfannengrößen und Stielhöhen einstellen kann

für 1 Liter **Zirbenzapfenlikör** reichen 2 bis 3 grünblaue Zapfen (je weiter diese in der Reifung fortgeschritten sind, desto brauner verfärben sie und desto harziger schmeckt dann auch der Ansatz, für spezielle Liebhaber gut trinkbar), eine Rezeptur für den Normalgebrauch:
1 Liter Wodka oder **Korn** (diesen z. B. von der vulgo Wolfgangbäuerin in St. Thomas bei Marienkirchen an der Pölsenz/OÖ, im ausgewiesenen KörndlbauernGebiet, Bergbauern

würden kostbares Brotgetreide nicht zum Schnapsbrennen, sondern nur zum Brotbacken verwenden)

250 g Kandiszucker (eventuell auch weniger)

2 bis 3 Zirbenzapfen (in Scheiben geschnitten)

1/6 Liter Rum (Inländer- oder Jamaika-)

1 Vanilleschote

1 Zimtstange

diese Zutaten (oder ein Mehrfaches davon) in ein verschließbares (größeres) Glasgefäß füllen und 6 Wochen an einem hellen Platz stehen lassen, zwischendurch das Glas immer wieder schütteln, damit sich die Inhaltsstoffe aus den Zapfenscheiben lösen und mit dem Alkohol verbinden können (nach einer Empfehlung der Ernährungspädagogin und Lungauer-Kochwerk-Mitbegründerin Anna Bauer), nach Ablauf dieser 6 Wochen dann den ambrafarbenen Ansatz durch ein Tuch (oder einen Kaffeefilter) seihen und in handlichere kleine Flaschen abfüllen zu Bruch (Lawinenschneisen/Kinderseelen/ Itinerar)

daß sich überraschenderweise aus den scheinbar minimalsten Einzugsgebieten und höchstgelegenen Abrißstellen mächtige Schneelawinen zu lösen vermögen und dann zerstörerisch ins Tal rasen, wobei sie die kümmerlichsten wie die größten Baumstämme ohne Unterschied mit sich reißen und (zum Glück vielleicht durch Verklausungen knapp vor den gefährdeten Gebäuden aufgehalten) ineinander so verkeilen können, daß eine Entwirrung auf den ersten Blick unmöglich erscheint, diese Tatsache ist seit jeher bekannt, und eine solche Katastrophenmöglichkeit bleibt der Albtraum jeder Ortsbürgermeisterin und jedes Bürgermeisters samt seiner Lawinenkommission, sei es im Donnersbachtal in den Niederen Tauern (*Mesalmspitz*), sei es am Südostfuß des Grimming (mittlerweile Straßeneinhausung), sei es mehrfach unterm Südhang über der SalzkammergutOrtschaft Grundlsee (dem Tierarzt wurde dort in der Fraktion *Bräuhof* wider Erwarten die Baugenehmigung erteilt) oder an der zerklüfteten Nordwestflanke des Salzburger Untersbergs (wo die holzstammverlegten Schneisen mittels Neuanlage von Forststraßen und Seilstationen zum größten Teil freigeräumt werden konnten), unverhältnismäßiger Aufwand zur Verhinderung von Neuabgängen scheint dabei ohne weiteres angebracht: an der *Vierkaseralm* hoch überm *Bruchhäusl* und an der *Schoberwies*kante im Toten Gebirge wurden zu diesem Zweck mächtige CortenstahlLawinenverbauten knapp unterm Plateaurand in der Hoffnung errichtet, daß man die Schneemassen dort oben bereits zurückzuhalten vermag und daß damit die (zugegebenermaßen wenigen) Menschenleben in den dünn besiedelten betroffenen Talabschnitten (orangefarbenen Zonen) vor Ärgerem bewahrt sind

in einem dieser düsteren Taleinschnitte der Salzburger Untersbergflanke, aus der auch die mächtigsten Karstquellen austreten, sind zwar seit Menschengedenken keine Schneemassen zu Tal gebraust, und dennoch wurde durch den Bericht über ein dort vor mehr als einer Generation stattgehabtes Vergehen eine andere **Lawine**, nämlich von späten Selbstoffenbarungen und überraschenden Neumeldungen ins Rollen gebracht, die durch ein Aufsuchen des zuerst bekannt gewordenen Tatorts (zum möglichen besseren Verständnis des Geschehens und zu einer eventuellen Entschärfung der lokalen Besetzung) eo ipso nicht aufgehalten wird, auch nicht mittels allseits versuchter Beschwichtigungs- und Vertuschungsmanöver gestoppt werden kann

und da der erste mögliche TalEinsteig zur sogenannten Fürstenquelle (gegenüber dem oberen Ende der Schloßallee Glanegg, auf der linken Straßenseite kurz vorm Ortsschild FÜRSTENBRUNN) bis auf die beiden DrahtToreinfahrten mit vorsorglich abgelegten groben Felsblöcken (für einstmals dort zu parkende Autos) verstellt ist (der Wildfütterungsbereich weiter oben bleibt von November bis April fürs WanderPublikum ohnedies gesperrt), empfiehlt sich der Zugang zu diesem **ominösen Bergeinschnitt** aus der überraschenderweise *Eisgraben* genannten WohnStraße (nach einer Flurbezeichnung aus der Untersberg-Nordflanke) in ihrem hintersten Winkel am obersten rechten Ufer der Glan entlang von Holzplanken im Grenzbereich zwischen fortschreitender Einfamilienhaus-Bebauung und versteckten historischen Kleingehöften am

Bergfuß sowie nahe der Kapelle beim UntersbergMuseum, wohin man auch in wenigen Minuten von der Endstation des städtischen Linienbusses aus gelangt

es gilt also, den östlichen Begleithang der ersten Wasserschlucht (die zweite unmittelbar westlich anschließende kommt aus dem eigentlichen *Großen Brunntal* herunter, und dergestalt zieht zwischen den beiden Klammen ein steiler buchenbestandener Felsriedel hinauf) schräg durch Laubwald ansteigend zu queren, in einem WegeWirrwarr, zuerst auf breitem Altweg, möglichst rechts haltend, dann auf dem obersten Abschnitt einer Fahrstraße bis zu einer Lichtung mit mäßigem Ausblick und schließlich auf einem mauerbewehrten Fußpfad, aus dem die schweren Eisenrohre der alten Quellwasserleitung hervorschauen, während oben aufgemauerte Hangsicherungen (von 1930, wie eine steinerne Kartusche zeigt) parallel weiterführen, der gesamte Weg ist im Herbst von Bucheckern und stellenweise auch von roten Eibenbeeren übersät (dort und da mag auch noch eine alte dickwandige KracherlFlasche H&R HERMANSEDER *Orangenquirl*, aus den ehemals säuerlich duftenden Abfüllkellern der Salzburger Basteigasse stammend, hier halb im Waldboden steckend und faullaubgefüllt, zu finden sein), auf diesem Felspfad erreicht man steil über der tosenden Wasserschlucht das RiesensteinquaderPortal des Fürstenbrunner Quellhauses mit seinen Wasserschlössern (1875 erbaut von der Stadt Salzburg durch die Deutsche Wasserwerksgesellschaft in Frankfurt am Main), wobei die Eingänge mit neuen Edelstahltüren (der Firma Hans Huber aus Berching und Schkölen) versehen und sicherheitsversperrt sind und das Überwasser in zwei Strömen, nämlich schräg aus dem Haupttor und seitlich links durch ein Gitter, hervorschießt, fast hätte man bei der Annäherung an diesen infolge Schmelzwasser überlauten künstlichen Schluchtabschluß das verfallende Blockhaus links und das hinter einer Eisenbrüstung senkrecht in die Bergtiefe führende **Mundloch** des sogenannten *Karlsohr*s übersehen, zumal weiter oben ein quer liegender Riesenstamm, der sich in einer mächtigen Zwieselbuche verkeilt hat, über den Köpfen der Wandernden auf ihrem Weiterweg in halber Höhe droht

der jetzt mit Holzbrüstung und Handlauf gesicherte Steig erreicht im Bogen die Krone des Wasserschloßbaus (bei Schild Nr. 11 führt vorher ein Pfad links in den Buchenwaldhang empor, dann über eine Felsstufe wieder in den Graben zurück) und lenkt den Wanderer quer durch ein feuchtes Blockfeld hinauf zum Höhlenportal in der senkrechten Westbegrenzungswand der Schlucht (eine ehemalige Steiganlage führt vorher rechts hinaus auf den Mittelriedel zwischen den beiden markanten Geländeeinschnitten, abzuraten!), man steigt also die paar letzten Meter hinauf zum Eingang der sogenannten *Grasslhöhle* (deren trommelförmiges Inneres auf dem roten Tonboden mit wechselnden Steinsetzungen bestückt ist: man sieht etwa einen **Altaraufbau**, eine **Venusblume** mit Spirallabyrinth, auch Glaslinsen mit **Facettenschliff** sind zu finden und sogar ein Hirschbart steckt zwischen einer sternförmigen Anordnung im Höhlenboden), man nimmt einen konzentrierten Rundraum wahr, in den es immer wieder Eingeweihte hineinzuziehen scheint und in dem es anno dazumal (aller Wahrscheinlichkeit nach) zu einer Art Liebesakt mit Langzeitfolgen gekommen sein mag

der spätere (und mittlerweile demissionierte) Erzabt von St. Peter (seinerseits nach eigenem Bekunden als 10-jähriger von einer wenn auch nichtkirchlichen Vertrauensperson mißbraucht) hat nämlich im Zusammenhang mit der Untersuchung gegen zwei seiner Mitbrüder (wie es heißt: indirekt) die Ermittlungsbehörden auch auf sich selbst als Täter in diesem 40 Jahre zurückliegenden Fall von **Sündhaftigkeit in freier Natur** gelenkt, wobei er schon im Jahr vor der Aufdeckung dem betroffenen mittlerweile 53-jährigen ehemaligen Salzburger Internatszögling bei einer Gegenüberstellung 5000 € Schweigegeld (wohl mit juristisch abgesicherter Schweigeklausel) angeboten hatte, was dieser aber unter Hinweis auf die lebenslang fortwirkenden Folgen des weiland **Seelenmordes an einem Kinde** bei Nichtöffentlichmachung ausschlagen mußte (ja vielmehr zusätzlich verlangt hat, daß nicht nur die Täter, sondern auch die Mitwisser und jahrelangen Vertuscher des Vergehens zur Verantwortung gezogen werden), außerdem möchte das ehemalige Opfer den Begriff Pädophilie durch Pädokriminalität ersetzt wissen (da es sich bei solchen Übergriffen mitnichten um Liebesakte handele und noch dazu etwas im jungen Wesen gar nicht Entwickeltes bereits vorab zerstört, zumindest empfindlich gestört werde)

der Exabt hat sich kurz nach Bekanntwerden des Sachverhalts zur **Aufarbeitung des Geschehens** und seiner Konsequenzen an einen geheimgehaltenen Ort (der Stille, Besinnung und Einkehr) zurückgezogen, als weiland Priesterseminarist (Seminar meint wörtlich: Pflanz- und Samenstätte) habe er, der damals 24-jährige Salzburger Kandidat und Novize, den damals 12-jährigen Zögling zu einer Fahrradfahrt an den Fuß des Untersbergs eingeladen (›um ihm etwas Schönes zu zeigen‹) und ihn dann bei Fürstenbrunn in eine Grotte beim sogenannten *Karlsohr* geführt (›da sind wir durch den Meierhof gefahren, haben das Rad abgestellt, sind durch den Wald gegangen, er hat mich in die Höhle hineingelockt, sich dann hingesetzt und mit den sexuellen Handlungen begonnen‹), welcher Tatort im hintersten Winkel des tosenden Quellbereichs liegt (bei schwerem Mißbrauch von Unmündigen, nämlich unter 14-Jährigen, muß es laut Gesetzbuch zu irgendeiner Art von körperlichem Eindringen gekommen sein)

heute seilen sich ein paar Höhenmeter tiefer sogenannte *geocacher* nach GPS-Ortung in den als *Charleys Ear* bezeichneten Schacht ab, suchen jene dort für eine elektronische Schnitzeljagd **versteckte Box**, öffnen das Behältnis, nehmen fremdes *Zeugs* heraus und geben eigenes *Zeugs* (in der Regel wertvolleres) hinein, was sowohl vor Ort (mittels Logbuch und Foto) dokumentiert wird als auch anschließend unter *www.geocaching.com* von interessierten *scouts* eingesehen werden kann

der damals (1969) dort über der Quelle mißbrauchte Knabe hat anschließend in Glanegg mit dem Velo das Weite gesucht und leidet noch heute unter traumatischen Spätfolgen des Übergriffs von vor 40 Jahren (etwa unter Anfällen unwillkürlichen Herzklopfens beim Fahrradfahren), er sieht sich aber auch in seinem Erziehungsverhalten den eigenen Kindern gegenüber extrem nervös beeinträchtigt, während der beschuldigte Benediktinerexabt seinerseits von einem einmaligen Vergehen spricht (es gilt also für ihn zwar nicht mehr die Unschulds-, sehr wohl aber die Reue- und Sinnesumkehrvermutung, wobei sich die Verjährungsfrist von 20 Jahren durch jede neue nachgewiesene Tat, auch an einem anderen Opfer, automatisch nach vorne verschiebt/verschöbe), der Knabe seinerseits sei dann übrigens jahrelang von 2 anderen (ehemaligen) Ordensangehörigen andernorts mißbraucht worden (wobei sich das memorierende Mißbrauchsopfer bei *flashbacks* in einem nachträglichen Abspaltungsprozeß aus der Perspektive Dritter dabei beobachten könne, wie es vergewaltigt werde, was dem identischen Rest der Persönlichkeit ein geordnetes Weiterleben ermögliche), in manchen Fällen aber schlüge ein solches Opfer sexueller Übergriffe priesterlicherseits, jäh schon vom

Anblick einer Kutte oder dem Geruch nach Internatsräumen aus der Fassung gebracht/*getriggert*, das Angebot eines Treffens mit dem vor Jahren das Abhängigkeitsverhältnis Ausgenütztbabenden rundweg aus/ab und ersuche den zwischengeschalteten (auch wieder kircheninternen) Ombudsmann einfach nur um folgendes: »bitte sagen Sie demjenigen, der das damals getan hat, was er mir damit angetan hat«, auf solche Weise würde für den Fall eines Lokalaugenscheins der beiden Beteiligten eine (möglicherweise auch für die Menschenseelen hilfreiche) **Heilung des** jeweiligen **Tatortes** verpaßt

ist man nicht schon vorher den Umgehungspfad weitergestiegen, lassen sich die höher oben gelegenen Areale der Blockhalden und Abraumfelder des alten Kalk- und Marmorsteinbruchs auch hier von der Grasslhöhle aus direkt erreichen: an einer kleinen Halbhöhle in derselben Wand weiter oben beginnen Steigspuren nach links mitten in die künstliche Blockhalde auf steilem Naturhang hinein, deren Ursprung sich weiter oben dadurch kenntlich macht, daß einzelne Felsstücke auch die Spuren der Parallelbohrungen in Form von Kannelüren zeigen, die zum Absprengen der einzelnen Stücke gedient haben (das Bremsmanöver eines gelandeten JumboJets dröhnt soeben von der Rollbahn des Flughafens Salzburg herauf), an den Rändern der Blockhalde (mit annähernd gleicher Blockgröße) sind die meisten Stücke vollständig von Moos überwachsen und man kann über sie hinweg, ohne abzurutschen, auch zum linken (orographisch rechten) Felsenrand hinüberwechseln, wo der Umgehungspfad ankommt und hinauf ans Ende der Halde verfolgt werden kann, überrascht steht man dann mit einem Mal auf einer weiten Geländeplattform, in diversen Felstrümmern, vor Drahtseilresten und glatten Wandanschnitten (Schreib- und Zeichenfläche für Sprayer), mitten im einstigen Steinbruchgelände, zu dem auch eine horizontale Schienenbahn über die Nachbarschlucht hinweg aus den weiteren Plateaus der Marmorlagerstätten geführt hat, mit luftigem Gittersteg quer über die Schlucht und Loren-Drehvorrichtungen in den Spitzkehren des Bahnverlaufs, alle ehemaligen Verankerungen und Transportgeräte sind heute in völlig unbrauchbarem Zustand und die Trassen nur mit äußerster Vorsicht zu betreten, während sich schier endlose Blockhalden und Felswalme die Hänge hinauf fortsetzen, welche weitere höhergelegene Abbauplateaus vermuten lassen, während der Abtransport der Stücke ins Tal über eine atemberaubende **Bahnanlage** erfolgt sein muß, deren Schwellen, Schienenbefestigungen, UmlenkRäder in einer hunderte Meter tief abfallenden Schneise noch zu sehen sind, deren Radhäuser, Plattformen, Arbeiterunterkünfte und Betriebsbedingungen kaum mehr zu erahnen sind

am Rand des waagrechten Steinbruchniveaus oben sind noch zwei Pylonenbauten (vielleicht zum Beladen des Schrägaufzugs) zu sehen, zwischen denen die Transportbahn (eine von zweien im Gesamtgelände) begonnen hat, während die lang gerade verlaufende Trasse hinunter heute an den Rändern von Stangenholz bewachsen ist und in einer sanften Rechtskurve immer steiler werdend und tiefer eingeschnitten, beiderseits vom Wassertosen aus den zwei Schluchten begleitet, im untersten Felsstück auch bedenklich schmal werdend, schließlich gemeinsam mit dem ÜberwasserWasserfall zur Rechten das unterste Niveau und den ehemaligen großen Lagerplatz an zwei Riesenfelsblöcken erreicht (mißverständliche Aufschrift an grünem Schild auf einem der Blöcke: *Übungsgelände der Bergrettung Grödig, bei Zuwiderhandlung Anzeige des Grundbesitzers*), von wo man über eine Kettenabsperrung auf ein Straßenstück hinaus in Richtung Museum und Kugelmühle sowie zurück zur Busstation oder zum Dorfwirtshaus gelangt

Inhalt